ÉTUDES ROMANES DE LUND 35

PUBLIÉES PAR ÖSTEN SÖDERGÅRD

LA VISION CITADINE ET SOCIALE
DANS L'OEUVRE D'EMILE VERHAEREN

Eva-Karin J

CWK GLEERUP

CWK Gleerup est le nom sous lequel LiberFörlag Lund publie des ouvrages scientifiques et savants.

© Eva-Karin Josefson
Printed in Sweden
Studentlitteratur
Lund 1982

ISBN 91-40-04812-8

TABLE DES MATIERES

INTRODUCTION

Centre des transformations sociales, des événements politiques et de l'évolution technique, creuset des activités intellectuelles et de la création
artistique, la grande ville exerce depuis des siècles une attraction et de
la répulsion sur les écrivains. Dans la littérature française, l'oeuvre de
Charles Baudelaire décrit avec éloquence les sensations complexes que la
civilisation urbaine évoque chez les poètes: bien qu'obsédé en tant qu'artiste par l'aspect de modernité que celle-ci présente, il est tout à fait
conscient de la menace, due à l'évolution technique, attitude ambivalente
qui n'a pas échappé à la critique.[1] Pierre Citron relève dans son ouvrage
La poésie de Paris dans la littérature française de Rousseau à Baudelaire
(1961) un autre aspect essentiel de l'oeuvre citadine baudelairienne:
"souvent pour Baudelaire, Paris cesse d'être une ville pour devenir l'allé-
gorie même du Spleen", constate-t-il,[2] en indiquant par là les relations
étroites entre paysage extérieur et paysage intérieur, entre ville et état
d'âme.

Regardant l'oeuvre baudelairienne dans une perspective marxiste, Walter
Benjamin a su y découvrir des aspects auxquels, avant lui, la critique
n'avait pas prêté attention. C'est dans ses études inachevées, consacrées
à Baudelaire et à son époque qu'il brosse l'image d'un Paris capitaliste,
dominé par la marchandise-fétiche, et qu'il regarde le poète comme l'obser-
vateur perspicace des transformations de l'univers citadin.[3]

Le plus souvent, c'est chez les romanciers du XIXe siècle que la critique
a vu les témoins de ces transformations. En discutant les rapports entre
les romans de Dostoevsky et ceux de Balzac, de Dickens et de Gogol, Donald
Fanger constate que les écrivains, étudiés dans son ouvrage, sont tous
fascinés par la grande cité moderne, dont la mutation se manifeste d'une
façon si concrète. A leurs yeux, la vie citadine de leur époque annonce la
fin de l'ordre naturel et le commencement de l'ère moderne.[4]

Pour bien des écrivains du XIXe siècle, cette irruption d'une époque
nouvelle, se manifestant avec tant de brutalité dans la grande ville, a un
caractère rebutant. A la suite de Jean-Jacques Rousseau, qui fut fortement
dégoûté par la corruption et par la laideur de la vie parisienne, on ne
tarde pas à dénoncer la monstruosité des grandes métropoles. Pour beaucoup de
poètes romantiques, la grande ville est un enfer, et leurs poèmes révèlent
la répugnance qu'ils ressentent devant l'inhumanité de la civilisation

urbaine. Des romanciers tels que Eugène Sue dans Les Mystères de Paris
(1842), Victor Hugo dans Les Misérables (1862), ainsi que Charles Dickens
dans Barnaby Rudge (1841) et Hard Times (1854) insistent sur la misère de
la vie citadine, et leurs romans nous transmettent un message social.
Ces auteurs condamnent tous la grande cité et Dickens, en particulier,
critique la société industrielle qui est à l'origine de cette misère.[5]
Dans les oeuvres littéraires où l'on découvre une prise de conscience des
injustices sociales, celle-ci ne se traduit pas seulement par la description de l'extrême pauvreté des citadins opprimés, mais aussi par le récit
des actes révolutionnaires. Ainsi une partie des Misérables est consacrée
à l'évocation de tels actes. De même, Paul Claudel place dans son drame
La Ville (1892) la cité révoltée au centre de la scène.

Dans certains ouvrages littéraires, la description de la cité est donc
un moyen de mettre en relief les problèmes sociaux que la révolution industrielle amène. Cette vision de la ville apporte un écho du débat sur
l'urbanisation, laquelle est rendue responsable des nombreuses victimes du
prolétariat, né avec l'explosion du XIXe siècle. Le début du XXe siècle,
par contre, voit naître de nombreux ouvrages, respirant une foi inébranlable
dans le progrès technique et une confiance absolue dans l'avenir, ouvrages
qui chantent la grande métropole, coeur du monde moderne et cerveau des
projets impérialistes et internationalistes, si caractéristiques de cette
période. Loin de déplorer les transformations du milieu citadin, on glorifie
les inventions modernes, ainsi que les locomotives et les steamers qui
renouent les grandes métropoles mondiales entre elles, permettant à l'homme
de se familiariser avec le globe entier. Dans son ouvrage "Modernolatria"
et "Simultaneità". Recherches sur deux tendances de l'avant-garde littéraire
en Italie et en France à la veille de la première guerre mondiale (1962),
Pär Bergman désigne l'évolution des moyens de communication comme l'origine
de ce "Mythe du Moderne" qui inspira à des écrivains comme Jules Romains,
Paul Adam et Walt Whitman des poèmes, annonciateurs du futurisme.

Vision citadine comme projection d'un état d'âme, évocation de la misère
urbaine comme critique de la société industrielle, glorification des grandes
métropoles comme apologie de la civilisation technique de l'ère moderne -
voilà quelques aspects de la littérature citadine du XIXe et du début du
XXe siècles. Le but de ce travail est de montrer que l'oeuvre d'Emile
Verhaeren les contient tous.

L'évocation de la grande ville est un des éléments les plus frappants de
l'univers poétique de Verhaeren: ce qui rend ses poèmes citadins singulière-

ment intéressants, c'est que d'une façon bien concrète ils illustrent l'évolution artistique et idéologique du poète. C'est dans la poésie d'inspiration décadente des recueils Les Soirs (1888), Les Débâcles (1888) et Les
Flambeaux noirs (1891) que se dessine d'abord l'image de la ville - une
ville qui est en rapport direct avec un état d'âme. Ainsi les murailles
funèbres et la brume suffocante de la vision citadine servent-elles à
traduire des sensations d'abattement et d'angoisse, atmosphère qui domine
cette trilogie. La ville prend un tout autre caractère dans la trilogie
dite sociale, dont elle est le centre complexe. Dans les deux recueils
Les Campagnes hallucinées (1893) et Les Villes tentaculaires (1895) ainsi
que dans le drame Les Aubes (1898), c'est la grande ville industrielle,
bouillonnante d'activités fiévreuses et à plusieurs égards profondément
destructive pour l'existence humaine qui se dresse devant nos yeux. Avec
la dernière partie de l'oeuvre de Verhaeren - Les Visages de la vie (1899),
Les Forces tumultueuses (1902), La Multiple Splendeur (1906), Les Rythmes
souverains (1910) et Les Flammes hautes (1917), nous entrons dans une
troisième phase de sa poésie citadine. Dans ces recueils qui glorifient
l'époque moderne et les progrès techniques, la civilisation urbaine se
présente sous un jour beaucoup plus positif que dans l'oeuvre antérieure de
Verhaeren - la vision citadine y traduit une attitude extrêmement confiante
à l'égard des possibilités de l'homme.

Il est naturel que l'image de la ville, si vivante dans l'oeuvre de
Verhaeren ne soit pas passée inaperçue à la critique. En plus des commentaires plus ou moins sommaires, qui seront discutés au cours de ce travail,
elle a été l'objet d'une thèse, écrite par Elisabeth Küchler et intitulée
Das Stadterlebnis bei Verhaeren (1930). En prenant comme point de départ
la question: "Comment Verhaeren a-t-il ressenti la ville"?, elle esquisse
les trois phases de la poésie citadine en complétant son travail d'une analyse du recueil Les Villes à pignons (1910), qui évoque la petite ville
provinciale et qui ne sera pas traité ici.[6] E. Küchler accorde peu de
place au climat littéraire et politique dans lequel les poèmes furent conçus,
et, en analysant Les Villes tentaculaires, elle se contente de citer les
quelques poèmes qui expriment l'optimisme.[7]

La tendance à attribuer très peu d'importance à la situation politico-
sociale dans laquelle la triptyque vit le jour n'est pas un phénomène isolé
dans l'étude de cette oeuvre: un témoignage récent de la même attitude à
l'égard de la trilogie sociale nous est offert dans la présentation que
fit Robert Vivier en 1977 de son choix de poèmes de Verhaeren. En y discutant

Les Campagnes hallucinées il constate que "certains critiques voulaient voir dans cette suite de poèmes une évocation d'un fait sociologique, intention à laquelle d'ailleurs l'auteur a un peu cru lui-même", expliquant ainsi dans une note sa remarque: "En témoignait déjà le vers mis en tête des Campagnes: 'Tous les chemins vont vers la ville', et le poème conclusif où apparaissent les mots de: ville tentaculaire. Mais ce n'était peut-être là à tout prendre qu'une sorte d'encadrement..."[8)]

En constatant que Verhaeren "a un peu cru" vouloir évoquer un fait sociologique, Vivier ne rend pas entièrement justice au message de la trilogie: il est certainement plus justifié d'y voir une contribution à la discussion des problèmes sociaux qu'on menait dans les milieux intellectuels et artistiques européens au cours des années 1880 et 1890. Un des objectifs principaux de ce travail consiste à jeter de la lumière sur les rapports entre la trilogie et les faits sociologiques: c'est la révolution industrielle, si grosse de conséquences pour le prolétariat urbain et rural qui est à l'origine de la triptyque, et, à nos yeux, c'est en homme de gauche que Verhaeren évoque ces faits.

Dans l'analyse des derniers recueils, l'accent sera surtout mis sur les aspects qui dépeignent l'évolution de la vision citadine à l'intérieur de l'oeuvre de Verhaeren. Avec cette partie de notre travail, nous visons surtout à montrer que l'attitude du poète à l'égard de la civilisation urbaine a subi un changement radical, changement qui est d'ailleurs bien conforme à certaines tendances du début du XXe siècle. Bien des critiques n'ont pas noté cette évolution - voilà pourquoi ils voient déjà dans la trilogie sociale une glorification de la métropole moderne, glorification qui est caractéristique seulement de la dernière partie de cette oeuvre.

Ce qui unit ces deux étapes de la poésie citadine de Verhaeren, c'est que la vision de la ville est intimement liée à celle, plus vaste, d'une société en pleine transformation. L'analyse de la première partie est destinée à illustrer qu'avec le paysage urbain, évoqué dans ces recueils, le poète a voulu communiquer une réalité intérieure qui lui est familière, comme elle l'est à bien des écrivains et des peintres de cette époque. La critique a souvent vu dans ces poèmes angoissés l'expression de la névrose du poète, mais dans ce travail nous examinerons plutôt les rapports entre les images angoissées de cette trilogie et la mode littéraire et artistique de cette période.

En analysant l'oeuvre de Verhaeren, on s'est souvent efforcé d'établir des relations étroites entre la vie et la création artistique du poète.

Ainsi la poésie décadente serait-elle l'expression directe d'une grave
crise mentale, la trilogie sociale - par son caractère extraverti - le
témoignage d'une guérison, et les recueils, publiés après la trilogie
sociale, exprimeraient l'épanouissement des ressources personnelles et
créatrices du poète.[9] Ici nous discuterons les circonstances extérieures
- climat littéraire et artistique, situation politico-sociale - susceptibles
d'influencer la création de la poésie citadine de Verhaeren. L'importance
du contexte social pour la conception d'une partie de cette oeuvre a
d'ailleurs été soulignée dans un article récent, intitulé "La genèse des
Campagnes Hallucinées d'Emile Verhaeren". En présentant sommairement le
recueil en question, René Andrianne y rappelle les activités des socialistes
belges au cours des années 1880 et 1890 et la part que Verhaeren y prenait.[10]
Dans ce travail, nous examinerons - et dans une perspective un peu plus
vaste - l'importance du climat littéraire et politique, non seulement pour
Les Campagnes hallucinées, mais pour la trilogie tout entière.

   Les deux dernières décades du XIXe siècle sont dominées, en Belgique, par
une grave crise sociale, provoquée par l'extrême rapidité de la révolution
industrielle. Le pays est soumis à une fermentation véhémente qui ne caractérise pas seulement le domaine politique - des politiciens comme le socialiste Edmond Picard, avocat et écrivain influent, invitent les artistes à
s'intéresser aux problèmes sociaux, et cherchent à éveiller chez eux le
sentiment national. Dans cette jeune nation à double origine - flamande
et wallonne - on est sensible aux influences étrangères, tout en aspirant
à créer une littérature qui porte l'empreinte de la nation belge. A plusieurs
niveaux, la situation du pays est donc complexe: le grand nombre de revues
littéraires, source de connaissances extrêmement riche et variée[11] nous
permet de pénétrer dans le coeur même du débat qui domine les milieux artistiques et politiques de cette période.

   Deux revues qui traduisent des attitudes tout à fait différentes à l'égard
de la fonction de l'art sont La Jeune Belgique, fondée en 1881, et L'Art
Moderne, fondée la même année par Picard. Tandis que La Jeune Belgique
adhère à L'Art pour L'Art et se montre à plusieurs égards hostile aux
ouvrages littéraires novateurs, L'Art Moderne accueille favorablement les
créations "modernes", comme la poésie symboliste, et prêche l'action politique. C'est La Wallonie, lancée en 1886 par Albert Mockel, qui est l'organe
principal du symbolisme belge: cette revue - une des plus importantes du
mouvement symboliste - est complétée en 1895 par Le Coq Rouge, fondé par
sept anciens membres de La Jeune Belgique. La Société Nouvelle, grande

revue internationale, complète les périodiques mentionnés en discutant les questions non seulement artistiques et littéraires, mais aussi les problèmes sociologiques et scientifiques, nous fournissant ainsi des renseignements précieux sur le climat intellectuel de la Belgique à la fin du siècle passé.

Verhaeren collabore à toutes ces revues, et de plusieurs façons: il fait partie de la rédaction de L'Art Moderne et du Coq Rouge et remplit dans la première, ainsi que dans La Société Nouvelle, une fonction importante de critique d'art et de littérature. Cette revue, ainsi que La Wallonie, sont intéressantes aussi sous un autre aspect: Verhaeren y publie un grand nombre des poèmes qui paraîtront plus tard dans ses recueils, ce qui nous permet de fixer la date de leur conception.

Une grande partie de la production journalistique de Verhaeren a été publiée dans les trois volumes, intitulés Impressions, parus entre 1926 et 1928, ainsi que dans Sensations (1928). Certains de ses articles, publiés dans L'Art Moderne, n'y figurent pas.[12] Comme ils décrivent de façon explicite la réaction provoquée chez Verhaeren par les ouvrages littéraires et artistiques qui critiquent la société de ce temps, nous accorderons dans ce travail une assez large place à certains d'entre eux. A ce que nous sachions, la critique n'a pas prêté attention à ces articles; elle a également fait très peu de cas des contributions qui figurent dans les organes anarchistes français de cette période, à savoir Les Entretiens politiques et littéraires - la revue de Francis Viélé-Griffin - et L'Endehors, qui était dirigée par Zo d'Axa.[13]

Après avoir quitté la Belgique pour Paris, vers la fin du siècle, Verhaeren collabore de plus en plus souvent à des revues françaises: dans Le Mercure de France, dans La Plume et dans La Revue Blanche paraissent des articles, portant sa signature. Ces revues, parmi d'autres, nous renseignent d'ailleurs sur la place que le poète occupe dans la vie littéraire française de cette époque.

Les revues belges et françaises, mentionnées ci-dessus, nous font également connaître d'autres aspects très importants de son oeuvre et des réactions qu'elle provoque. C'est l'accueil que l'on y fait à la poésie de Verhaeren qui nous permet surtout de répondre aux questions suivantes: Quels sont les rapports entre l'oeuvre de Verhaeren et le climat littéraire de l'époque? Quel message Verhaeren a-t-il voulu transmettre avec sa trilogie sociale? En analysant les réactions qu'éveilla cette trilogie dans les revues - révolutionnaires aussi bien que conservatrices - on verra que les critiques, actifs à cette époque-là, semblent avoir mieux compris l'intention du poëte que les critiques de nos jours. Pour la trilogie sociale, l'analyse de son accueil sera complété par l'examen de certains ouvrages, écrits par des socialistes de l'époque, ce qui nous aide à élucider le problème suivant: En quoi la vision citadine et sociale de Verhaeren correspond-elle à celle des socialistes?

Ce qui frappe dans la production journalistique de Verhaeren, c'est l'importance qu'il attache, dans une oeuvre artistique, à ce qui est "moderne". Gustave Vanwelkenhuyzen constate à ce sujet qu'aux yeux du poëte "en littérature, tout comme en peinture, c'est la modernité, l'interprétation des aspirations et des idées du moment, qui donne aux oeuvres leur sens, leur force et leur grandeur".[14] C'est à cause de ce goût pour les ouvrages novateurs que, dès 1886, il accueille avec enthousiasme "La Grande Jatte" par Georges Seurat, peinture d'abord mal comprise,[15] et qu'en 1887, il n'hésite pas à présenter dans L'Art Moderne l'oeuvre hermétique de Stéphane Mallarmé, à cette époque peu appréciée.[16] Avec son oeuvre, Verhaeren - si ouvert aux tendances littéraires et artistiques de son temps - fait à plusieurs reprises fonction de baromètre: nous montrerons, dans certaines pages de ce travail, quelle importance le poëte donna à l'interprétation des "aspirations et des idées du moment".

I.   "UNE VILLE DE REVES ET DE SYMBOLES" - LES SOIRS, LES DEBACLES ET LES
     FLAMBEAUX NOIRS

Paysage citadin - état d'âme

Dans un article de L'Art Moderne, écrit en 1887, où il présente l'oeuvre de
Gérard de Nerval, Emile Verhaeren caractérise en quelques mots la poésie de
son époque, en mettant surtout en relief l'atmosphère de tristesse que
dégage cette poésie, "orientée vers les villes lointaines de rêves et de
symboles".[1] Un an plus tard, il publiera Les Soirs, première partie d'une
trilogie qui renferme aussi Les Débâcles (1888) et Les Flambeaux noirs (1891).
C'est dans ces recueils - surtout dans le premier et dans le dernier - que
se manifeste pour la première fois la grande ville dans l'univers littéraire
du poète. Il emploie ce thème d'une manière bien précise: avec les paysages
citadins, évoqués dans ces poèmes, il donne des images concrètes d'un état
d'âme qui se caractérise par la tristesse, par l'angoisse et par le désir
d'évasion. Il est évident que, parmi les précurseurs de cette trilogie,
nous retrouvons Charles Baudelaire.

Une ville de rêves, expression de sensations nostalgiques - voilà aussi
un des thèmes essentiels de l'oeuvre de Georges Rodenbach, à qui Verhaeren
a dédié Les Soirs. Son recueil La Jeunesse Blanche (1886) se compose de
plusieurs poèmes où le décor morne et brumeux de la cité met en relief la
détresse d'une âme, paralysée par son spleen. Dans son roman Bruges-La-
Morte (1892),[2] la cité intervient activement dans la vie intérieure du
héros: nous avons affaire à une fusion totale de la ville et de l'âme.
Rodenbach précise explicitement dans son roman le rôle qu'il attribue au
paysage citadin: la ville n'est pas seulement "un personnage essentiel,
associé aux états d'âme, qui conseille, dissuade, détermine à agir".[3]
Elle a une âme qui exerce son influence inévitable sur les citadins: "Toute
cité est un état d'âme et d'y séjourner à peine, cet état d'âme se communique,
se propage à nous en un fluide qui s'inocule et qu'on incorpore avec la
nuance de l'air".[4] Ainsi Hugues Viane, veuf inconsolé, jouit-il du crépuscule automnal et du gris pluvieux de Bruges, cadre qui renforce la
douleur qu'il ne cesse de cultiver.

Après la publication du roman de Rodenbach, Bruges devient le lieu de
pèlerinage par excellence des artistes et des écrivains européens. Dans
son ouvrage, intitulé Fin de Siècle. Gestalten und Mythen (1977), où il

consacre un chapitre au phénomène de "villes mortes" dans la littérature
européenne de cette époque, Hans Hinterhäuser cherche à expliquer l'attraction qu'exercent sur les écrivains, des villes comme Bruges, Venise et
Tolède. Selon lui, ce sont les sensations de décadence et de mort qu'elles
évoquent chez leurs visiteurs qui font d'elles de véritables "eldorados"
pour tous les "exilés de la vie". Tristes monuments dont le beau décor
traduit éloquemment une vie jadis glorieuse et florissante, ces villes en-
sorcellent l'artiste de la fin du siècle qui prévoit l'effondrement inévitable
de l'époque dépravée qui est la sienne.[5]

A cette époque Verhaeren écrivit, lui aussi, des poèmes qui démontrent
son intérêt pour une "ville morte" telle que Bruges.[6] Mais ce sont avant
tout les grandes cités de l'ère moderne qui attirent le poète, et c'est
Londres surtout qui constitue pour lui une source d'inspiration inépuisable.
Les fréquents voyages qu'il y fait en témoignent, et à l'époque où la fièvre
wagnérienne culmine en Europe, il reproche à son ami Georges Khnopff -
poète, lui aussi - de préférer Bayreuth à Londres. Dans une lettre, adressée
à son ami en 1889, il souligne que c'est l'air, qu'il respire à Londres,
qui lui permet de travailler:

> Londres qui n'est pas une belle ville, mais qui est plus,
> me semble être un milieu unique pour penser, rêver, écrire.
> /.../ Bayreuth est banalisé/.../.[7]

Nous ne sommes donc pas étonnés de retrouver dans la trilogie plusieurs
allusions à Londres. L'intérêt de ces poèmes ne réside pourtant pas dans la
peinture plus ou moins véridique de cette ville: l'extérieur citadin est
ici subordonné à l'atmosphère de folie et d'angoisse qui domine ces poèmes
comme la trilogie entière.

Une génération de névrosés

Bien des critiques de nos jours ont considéré la trilogie comme le fruit
d'une grave crise mentale, qui débuta vers 1883 et qui dura jusqu'en 1889,
année où le poète rencontra sa future femme. Robert Vivier constate à propos
de ces années:

> Cette étape, qu'on a appelée d'un terme assex ambigu la crise ver-
> haerenienne, est celle où, n'arrivant à contrôler ni ses élans in-
> ternes, ni les sensations subies, le poète est débordé par une sombre
> fantasmagorie dont tous les germes proviennent de réalités trop
> vivement perçues.[8]

Fernand Khnopff, "Une ville abandonnée" 1904

Elisabeth Küchler fait preuve de la même attitude en considérant la trilogie comme l'expression de l'état d'âme de Verhaeren qui, selon elle, est tourmenté par des fantasmes hallucinatoires et par l'idée de la mort.[9]

Or, aux yeux des contemporains de Verhaeren, ces poèmes ne sont nullement le reflet d'une maladie nerveuse, difficilement contrôlable. Un examen de certaines revues de l'époque montre que l'on regardait ces poèmes comme une expression de l'état d'âme de toute une génération d'écrivains et de peintres plutôt que celui d'un individu isolé. Dans La Wallonie, revue symboliste d'une importance primordiale, le critique L. Hemma, qui présente en 1888 Du Silence de Rodenbach et Les Episodes d'Henri de Régnier, constate à propos de la poésie de l'époque:

> En ces derniers temps, le sentiment qui, chez nous, a le plus remué la sève créatrice des poètes, c'est peut-être la lassitude. Lassitude maladive et tragiquement épouvantée dans Les Soirs de Verhaeren: lassitude inconsciente et dédaigneux retour vers la pensée, dans Le Lys de Severin; fier exil aux temps passés, dans Hors du Siècle d'Albert Giraud; lilial et frêle envol de regrets parmi des sérénités d'azur chez Georges Khnopff; frissons de lueurs troubles, et sourdes phosphorescences de la vie devinée, chez Maeterlinck.[10]

De même aux yeux de Ferdinand Brouez, critique de La Société Nouvelle, la trilogie reflète dans une large mesure l'atmosphère littéraire de l'époque. Sa présentation des Débâcles est précédée par la réflexion suivante:

> Notre temps a vu naître une littérature particulière. Expression multiple de ce mal étrange qui si profondément vrille les âmes contemporaines. Douleur du néant, hallucination des gouffres, hostilité de soi. /.../ Voici une oeuvre où s'exalte cette idée dominante avec une grande puissance et une violence énorme.[11]

Verhaeren lui-même est parfaitement conscient de cette tendance littéraire: ses nombreux articles sur la poésie contemporaine en constituent un net témoignage. En présentant dans L'Art Moderne La Chanson de la Mer par Victor Marguerite, poète qui "se plaint de la vie, de ses morosités, de ses ennuis, de ses tortures morales", il voit, dans les poètes, les interprètes les plus sincères de l'esprit de son temps:

> Le rêve poétique qui s'empare de tous nos poètes est l'expression la plus caractéristique de l'âme contemporaine. Nous avons d'invincibles nostalgies, d'insurmontables désirs d'en deçà et d'au-delà[12]

C'est également dans L'Art Moderne qu'il fera en 1887 à propos de Baudelaire la réflexion suivante, singulièrement intéressante par rapport à la poésie qu'il écrivit lui-même à cette époque:

> Certes, (Baudelaire) est en avance sur son temps: il est malade,
> le premier, de cette glorieuse maladie de nerfs qui affectera
> tous les sensitifs artistes après lui: "J'ai cultivé mon hystérie",
> écrivait-il quelque part; c'est-à-dire qui'il a une volonté d'exas-
> pérer son mal et de s'y complaire.[13]

Quelques années plus tard, Verhaeren avouera dans une "Confession de poète"
avoir "cultivé" lui-même sa maladie, "intensifié" sa peine, "exagéré" son
mal.[14] Par là, il se range parmi les jeunes écrivains de la fin du XIXe
siècle qui - isolés dans un monde qu'ils méprisent, et souffrant souvent
d'une situation économique précaire - tournent le dos à la réalité matérielle
pour scruter les profondeurs de leur âme. Ce qui domine la création artistique de cette période, c'est un profond pessimisme. Paul Bourget analyse
dans ses Essais (1883) et dans ses Nouveaux Essais de Psychologie contemporaine (1885) ce mal de fin de siècle qui tourmente toute une génération
de romanciers et de poètes. C'est cet état de fatigue et de dépression que
les décadents comme Jules Laforgue, Joris-Karl Huysmans, Maurice Maeterlinck
et Georges Rodenbach cherchent à traduire dans leurs oeuvres. Influencés
par les théories darwiniennes de l'évolution des espèces, les écrivains de
l'époque attendent l'effondrement de la civilisation européenne, et au
cours des deux dernières décades du siècle, l'ouvrage capital de Schopenhauer, Die Welt als Wille und Vorstellung (1819),[15] fournira aux artistes
décadents une justification doctrinale à la tristesse qui les paralyse.
Jean Pierrot, qui a récemment analysé les origines mêmes de la littérature
décadente, voit dans l'artiste de cette période la victime d'un isolement
pourtant voulu. Selon lui, l'écrivain court le risque de ne pas résister
aux effets périlleux de l'introspection, à laquelle il se voue constamment.
Blasé et sceptique, à la recherche des sensations nouvelles, l'homme sensible perd facilement le contrôle de ses fonctions mentales. Bien qu'il en
soit conscient, l'artiste ne renonce pas à ses exercices comme le constate
Pierrot, "il fut alors de bon ton de se présenter comme un malade nerveux,
de cultiver même sa maladie".[16] Certains ouvrages d'apparence scientifiques
cherchent même, au cours de ces décades, à établir des rapports étroits
entre la création artistique et la défaillance psychique. "Le génie est
un fou" et les poètes sont des "fous littéraires", constate le médecin
italien Cesare Lombroso, dans L'Homme de génie,[17] en élargissant ainsi le
fossé entre l'écrivain et la société.[18]

Les critiques qui ont voulu voir dans la trilogie décadente de Verhaeren l'expression d'une grave maladie mentale se sont également efforcés d'en trouver l'origine. Selon les uns, c'est la perte de la foi religieuse qui est à la base de l'angoisse dont ces poèmes sont imprégnés, selon les autres, c'est la vie débauchée que menait le poète à cette époque, qui en est la cause. Dans l'auteur des Soirs, des Débâcles et des Flambeaux noirs, il ne faut sans doute pas voir un malade mental,[19] mais plutôt un poète, influencé par des artistes qui considéraient l'introspection forcenée comme un mobile de la création artistique. Car est-ce que Verhaeren aurait "exagéré" son mal pour composer des poèmes angoissés, si d'autres écrivains n'avaient pas usé du même procédé? Verhaeren "a vu dans la maladie un magnifique champ d'expérience", dit Guy Michaud, en soulignant l'importance de cette mode pessimiste pour la genèse de la trilogie.[20] Derrière ces recueils, nous devinons un poète qui cherche consciencieusement des moyens de communiquer des sensations affectives, familières à bien de ses contemporains et déjà dépeintes par plusieurs d'entre eux.[21]

Il est significatif que Verhaeren ne s'intéresse pas seulement aux écrivains qui traduisent à travers leur oeuvre des états de détresse et de résignation. C'est avec une vive attention qu'il étudie les toiles des peintres qui s'efforcent, eux aussi, de donner une forme artistique à leurs expériences sentimentales. Le peintre symboliste belge Fernand Khnopff - frère du poète - en est un exemple particulièrement intéressant, car Verhaeren montre au cours des années 1880 un grand intérêt pour son art et pour sa méthode. Les réflexions que lui inspire la peinture de Khnopff furent publiées en 1887 dans le volume Quelques notes sur l'oeuvre de Fernand Khnopff (1881-1887).[22]

C'est souvent une atmosphère de mélancolie et de solitude angoissées qui émane des toiles de ce peintre. Il est significatif que nous y retrouvons des motifs de Bruges, chargés de nostalgie et de tristesse. Mais Khnopff ne se sert pas seulement d'un paysage citadin pour traduire des sensations affectives. L'une de ses peintures qui attire surtout l'intérêt de Verhaeren est "Une Crise" (1881), qui représente un homme solitaire se dessinant sur un paysage d'un bleu gris. Verhaeren interprète ainsi le message de cette toile, la première de Khnopff qui attire sérieusement l'intérêt du public:[23]

> Dans La Crise,(sic) la tête du jeune homme est délicatement formulée: expressive, mystérieuse, angoissée. C'est une âme qu'elle prouve et raconte. Elle n'est en rien découpée ni dure; elle baigne dans le paysage. Le tableau? c'est elle; le reste: roches tristes, ciel grisâtre, terrain morne, lui sert de cadre et fait comprendre sa psychologie.[24]

Fernand Khnopff, "Une crise" 1881

Le but de ce chapitre est de montrer qu'avec les poèmes citadins de sa trilogie, Verhaeren a voulu faire comprendre la psychologie de l'âme névrosée que nous rencontrons si souvent dans la littérature et dans la peinture de cette époque. Il ne s'agit donc pas d'essayer de démêler les sensations que la ville inspire au poète, mais de montrer que le décor citadin constitue pour lui un moyen de varier certains motifs, chers aux poètes décadents. Claustration et désir d'évasion, ennui et folie - voilà des états psychiques, souvent traduits dans la poésie de Laforgue, de Maeterlinck et de Rodenbach. Ce sont précisément ces états que les poèmes citadins de la trilogie mettent en relief. Ainsi le paysage extérieur de la ville verhaerenienne correspond-il à un paysage intérieur qui se manifeste dans plusieurs oeuvres artistiques de l'époque.

Nous analyserons cette partie de l'oeuvre en nous appuyant sur "Au loin" (Les Soirs), poème qui renferme plusieurs des aspects essentiels de sa poésie citadine de cette période.

Le poème "Au loin" (Les Soirs)

Le titre même "Au loin" indique un des pôles principaux du poème: le thème d'évasion. Le contraste frappant qui émane des trois strophes de "Au loin", se retrouve également dans d'autres poèmes de cette trilogie: d'un côté l'évocation d'une grande ville sombre et monotone, de l'autre la vision d'un lointain rêvé et chimérique.

La première partie du poème nous place dans un port anonyme:

> Ancres abandonnées sous des hangars maussades,
> Porches de suie et d'ombre où s'engouffrent des voix,
> Pignons crasseux, greniers obscurs, mornes façades
> Et gouttières régulières, au long des toits;
> Et blocs de fonte et crocs d'acier et cols de grues
> Et puis, au bas de murs, dans les caves, l'écho
> Du pas des chevaux las sur le pavé des rues
> Et des rames en cadence battant les flots;
> Et le vaisseau plaintif, qui dort et se corrode
> Dans les havres et souffre; et les appels hagards
> Des sirènes et le mystérieux exode
> Des navires silencieux, vers les hasards
> Des caps et de la mer affolée en tempêtes;
> O mon âme, quel s'en aller et quel souffrir!
> Et quel vivre toujours, pour les rouges conquêtes
> De l'or; quel vivre et quel souffrir et quel mourir!

L'accumulation des substantifs, ainsi que l'absence des verbes donnent ici
un caractère statique à la vision citadine, toute dominée par la mélancolie,
par la lassitude et par la monotonie. L'impression de tristesse est renforcée par les adjectifs, employés pour qualifier les phénomènes concrets
du décor citadin. Plusieurs d'entre eux évoquent des états d'abattement
(maussades, mornes, las). La monotonie de la vie citadine s'exprime par des
effets visuels - les sombres façades sont uniformes et munies de "gouttières
régulières" - comme par des effets auditifs: les pas des chevaux fatigués,
ainsi que le rythme invariable des rames.

L'image du vaisseau "plaintif" qui "souffre" de sa captivité dans le
port ne fait que souligner les rapports entre le paysage extérieur et le
paysage intérieur. Le vaisseau symbolise l'âme humaine, enclose dans une
prison sordide et déprimante, aspirant aux vastes espaces et à l'aventure.
Mais la vision du port a un autre sens encore. Le départ des navires reflète
les activités humaines; et c'est la vanité de ces efforts qui est mise en
relief dans l'exclamation qui termine la première strophe, les infinitifs
substantivés traduisent le dégoût qu'inspirent à une âme lasse les activités humaines, dictées par la convoitise.

Si la première strophe communique d'une manière plus ou moins explicite
le spleen du "Je" du poème, la deuxième exprime avec intensité le besoin
d'évasion, intimement lié à cet état d'âme. Les vers suivants développent
ainsi le thème déjà évoqué par l'image du vaisseau captif qui est attiré
par les appels d'un lointain tentateur. L'abattement qui domine la première
strophe est dans la deuxième remplacé par une exaltation qui en constitue
l'antipode absolu:

> Pourtant regarde au loin s'illuminer les îles,
> Fais ton rêve d'encens, de myrrhe et de corail,
> Fais ton rêve de fleurs et de roses asiles,
> Fais ton rêve éventé par le large éventail
> De la brise océane, au clair des étendues;
> Et songe aux Orients et songe à Benares,
> Songe à Thèbes, songe aux Babylones perdues,
> Songe à ces Dieux d'airain debout au seuil des porches,
> /.../
> A mon âme qu'hallucinent tous les lointains!
> Songe aux golfes, songe aux déserts, songe aux lustrales
> Caravanes, en galop blanc dans les matins;
> /.../
> Et va, par ces chemins de fleurs et de granit,
> Et va si loin et si profond dans ta mémoire,
> Que l'heure et le moment s'abolissent pour toi.

Le caractère dynamique de ces vers est dû surtout à l'accumulation des
impératifs. Toute la deuxième strophe n'est qu'une longue exhortation à
l'évasion, et comme c'est souvent le cas dans cette trilogie, c'est à son
âme que s'adresse le poète.

C'est en des termes romantiques que nous est évoquée cette existence
rêvée, dominée par la jouissance des sens. Comme la ville représente dans
la strophe précédente une prison suffocante, le vaste océan symbolise ici
la liberté totale. Mais ce n'est pas seulement la mer et les vaisseaux qui
offrent des chances d'évasion: les villes lointaines du passé, ainsi que
les mythes liés à elles, donnent également des moyens de s'évader hors
d'une réalité paralysante. L'évasion, envisagée par Verhaeren dans ce poème
est donc à la fois spatiale et temporelle: "tous les lointains" sont
attirants.

L'ensorcellement des vers cités ci-dessus,est brusquement rompu par
l'exclamation qui commence la troisième strophe:

> Impossible! - voici la boue et puis la noire
> Fumée et les tunnels et le morne beffroi
> Battant son glas dans la brume et qui ressasse
> Toute ma peine tue et toute ma douleur,
> Et je reste, les pieds collés à cette crasse,
> Dont les odeurs montent et puent jusqu'à mon coeur.

Comme le constate Elisabeth Küchler, les couleurs lumineuses, attachées à
la vision d'un lointain rêvé, contrastent vivement avec les nuances sombres
qui accentuent la tristesse dans la dernière strophe.[25] Notons aussi que
ces derniers vers donnent clairement la signification de l'image citadine
dans ce poème. Devinée seulement dans le paysage déprimant de la première
strophe, la détresse est ici expressément prononcée et les relations entre
l'âme et le cadre citadin sont nettement indiquées. Le tintement funeste
des cloches annonce incessamment la profonde douleur du "Je", et le poète
se sert ici d'une image plus directe que celle du vaisseau pour traduire
la sensation d'être prisonnier dans un monde étouffant: celle de l'âme,
irrévocablement cloîtrée dans une ville crasseuse et puante. Se servant
d'une méthode toute semblable, d'autres poètes évoquent la même sensation:
même si le court poème "Seul" de La Jeunesse Blanche de Rodenbach ne
présente nullement la même intensité qu'"Au loin", certaines images révèlent
la parenté affective entre les deux poèmes. La ville, sommairement esquissée
dans "Seul" donne au "Je" l'impression de "se consumer soi-même/Tel qu'une
lampe vaine au fond de noirs caveaux", et comme dans "Au loin", la vision
de la ville-prison est liée au thème d'évasion, qui se manifeste sous une

image bien ressemblante:

> Être comme un vaisseau qui rêvait d'un voyage
> Triomphal et joyeux vers le rouge équateur
> Et qui se heurte à des banquises de froideur
> Et se sent naufrager sans laisser un sillage.[26]

Vains rêves d'une fuite loin d'une existence suffocante - voilà ce que communiquent ces deux poèmes citadins. A cet égard, les deux poètes sont visiblement influencés par Baudelaire, qui exalte les voyages et les enchantements exotiques, comme le feront après lui Arthur Rimbaud dans "Le Bateau ivre", et Mallarmé dans sa "Brise Marine".

Dans sa thèse Les motifs décadents dans la poésie d'Emile Verhaeren (1966), Sophie Kalinowska constate qu'en ce qui concerne le thème d'évasion, Verhaeren ne s'inspire pas seulement de Baudelaire, mais aussi de Verlaine et de Laforgue. Selon elle, ce thème n'a rien de vraiment original dans la poésie verhaerenienne.[27] Toutefois, c'est Baudelaire qui a le plus influencé le poète. Certains vers du poème "Là-Bas", publié dans La Wallonie en 1888 font directement penser à "L'invitation au voyage",[28] et la tendance à considérer le paysage citadin comme foncièrement opposé à un paysage lointain ou rêvé est ce qui caractérise également, selon Jean-Pierre Richard, la poésie baudelairienne: "Du paysage exotique, le paysage parisien constitue le très exact revers", constate-t-il dans son étude sur Baudelaire. Au premier abord le paysage parisien de Baudelaire a l'air stérile, et pourtant la ville est vivante dans cette poésie: "l'agitation de cette stérilité, l'éclat de cet artifice, la fébrilité des échanges humains, l'acharnement que met Paris à briser harmonies et destins, tout cela finit par créer une sorte de fécondité seconde".[29]

Chez les deux poètes se manifeste donc une opposition entre le paysage exotique et le paysage citadin - la différence, c'est que dans les poèmes verhaereniens de cette époque, la ville n'est pas seulement dépourvue de toute fécondité, elle est un cachot mortel, image qui suggère efficacement la sensation d'être enfermé, état qui figure souvent dans la poésie décadente.

La claustration

Un poème, "Le Spleen" baudelairien qui commence: "Quand le ciel bas et lourd pèse comme un couvercle", traduit d'une façon extrêmement éloquente la sensation angoissée de claustration. Dans un ouvrage récent,[30] consacré à un des aspects fondamentaux de la poésie moderne - celui qui consiste à

concrétiser un état d'âme - Kjell Espmark base son analyse justement sur
ce poème, en mettant en relief les rapports étroits entre le paysage extérieur et le paysage intérieur, caractéristiques de ce "Spleen". Il montre
également comment d'autres poètes traduisent la même sensation sous l'image
d'un aquarium. En 1886, Laforgue publie dans La Vogue sa pièce en prose
"L'Aquarium" qui dépeint une âme enclose, absorbée par ses tristes réflexions,
Maeterlinck emploie la même image dans son poème "Aquarium" des Serres
chaudes (1889) et dans ses Vies encloses (1896), Rodenbach y consacre toute
une série de poèmes, intitulée "Aquarium mental".[31] Ajoutons que Verhaeren
se montre, lui aussi, fasciné par le même motif dans sa pièce en prose,
intitulée "L'Aquarium", et publiée dans La Wallonie en 1889.[32]

L'espace clos de la ville dans la trilogie de Verhaeren est un monde
profondément angoissant, souvent lié à l'idée de la mort. Les sombres
façades et la brume noire menacent de suffoquer l'âme torturée. Les idées
funèbres qui constituent le fond des poèmes se matérialisent ainsi dans la
peinture d'une ville qui a le caractère d'un linceul ou d'un tombeau. C'est
surtout cet aspect qui domine les poèmes évoquant la "ville morte": "Les
Malades" (Les Soirs) en est un exemple. Tourmentés par leur solitude et
par leur spleen, "les tragiques malades" vivent enfermés "En des quartiers
perdus, au fond d'un clos désert/où s'endeuillent les murs". Résignés, ils
"flairent la mort" à l'heure du crépuscule, regardant "les pâles façades/
Comme de grands linceuls venir au devant d'eux".

Les rapports entre l'image de la ville funèbre et l'état d'abattement
et de claustration des âmes solitaires sont plus explicites encore dans
le poème "Quelques-uns" de 1887, publié dans La Wallonie en 1890 et réimprimé
dans Les Bords de la Route (1891):

> Plus loin que les soleils, une ville d'ébène
> Se dresse et mire énormément en leur cerveau,
> Son deuil et sa grandeur de morte ou de caveau.
> La terre? elle a passé. Le ciel? se voit à peine.
> Et de l'ombre toujours, immensément toujours.
> Un horizon brumeux y traîne des suaires
> Sur des monts soulevés en tertres mortuaires.

Dans ce poème, où Verhaeren brosse l'image d'un paysage citadin qui traduit
l'esprit spleenétique des hommes, la ville est donc un cachot symbolisant
une existence sans espoir.

Cette atmosphère de claustration et de désespoir se manifeste dans bien
des poèmes, publiés à cette époque dans La Wallonie. Ici encore, il
est possible de faire des parallèles ici entre la poésie de Verhaeren et

celle de Rodenbach. Dans ses "Paysages souffrants", poème publié dans La
Wallonie en 1888 et dédié à Verhaeren, celui-ci peint la sensation de
tristesse et de claustration qui envahit l'âme à l'heure du crépuscule:

> Le soir tombe... Plus rien d'un peu vert n'accompagne
> La fuite du train noir dans le soir. Tout s'est tu...
> Et le drap mortuaire est vite rabattu
> Sur la face déjà noire de la campagne.

L'évocation de la brume constitue pour Verhaeren un moyen souvent utilisé
pour peindre le caractère mortuaire de la ville. Tout comme chez Baudelaire,
la brume est dans la poésie de Verhaeren un linceul qui enveloppe l'âme
souffrante du "Je". Dans la poésie baudelairienne, ce linceul se présente
souvent comme une consolation à l'âme affligée, ce qu'illustre le poème
"Brumes et pluies":

> O fins d'automne, hivers, printemps, trempés de boue,
> Endormeuses saisons! je vous aime et vous loue
> D'envelopper ainsi mon coeur et mon cerveau
> D'un linceul vaporeux et d'un vague tombeau.[33])

Parfaitement intégrée dans la vision citadine, la brume a cependant chez
Verhaeren un aspect plus funeste que chez Baudelaire: écrasante, elle pèse
sur la ville en inspirant au flâneur mélancolique la sensation de suffoquer.
Son caractère paralysant se manifeste clairement dans "Un Soir" (Les Apparus
dans mes chemins) qui est un tableau suggestif d'une ville brumeuse:

> La brume est fauve et nul espoir n'a flamboyé;
> La brume en drapeaux morts pend sur la cité morte;
> Quelque chose s'en va du ciel que l'on emporte
> On ne sait où, là-bas, comme un soleil noyé.

Le premier vers du poème indique l'influence maléfique qu'exerce la brume
sur l'état mental des hommes, elle éteint irrévocablement toutes leurs
espérances. On constate d'ailleurs que dans une première version d'"Un Soir",
publiée dans La Jeune Belgique en 1891, Verhaeren s'est servi d'une image
plus forte pour peindre l'effet asphyxiant du brouillard, évoqué dans le
deuxième vers: "La brume en drapeaux morts plombe la cité morte". Le verbe
plomber qui a un double sens - celui de sceller ainsi que celui de donner
une teinte de plomb - souligne plus efficacement que le verbe pendre
l'atmosphère de claustration, accentuée par la brume.

A travers le poème entier, la représentation de la ville brumeuse est
intimement liée à l'idée de la mort. Les tours levant "leur vieux grand

deuil de granit solitaire", rappellent incessamment la mort à "ceux du lendemain qui s'en iront en terre" et les vaisseaux, souvent un moyen d'évasion dans la trilogie, sont ici "Tels des cercueils, par ces brouillards que l'hiver trame".

La vision de la ville, étranglée par la brume, culmine dans la dernière strophe. Verhaeren y renoue avec la strophe initiale du poème en donnant son plein sens à l'image vaguement inquiétante du soleil noyé:

> La brume en drapeaux morts couvre la cité morte,
> En ce soir morne, où nul espoir n'a flamboyé,
> Et du ciel triste et noir - tel un soleil noyé,
> Là-bas, au loin, c'est tout mon coeur que l'on emporte.[34]

Le spleen et la folie

La ville close ne provoque pas seulement des états de lassitude maladive: surexcitant les sens de l'homme, elle le pousse vers la folie. Le dernier vers du poème, cité ci-dessus, peint d'une façon allusive cette décomposition d'une âme, claustrée dans la ville et soumise à l'ennui qui en émane. Non seulement dans sa poésie, mais dans sa prose, Verhaeren décrit cet ennui fatal que respire la cité. A plusieurs reprises, ce spleen se manifeste sous une forme bien précise: le mal du dimanche, et surtout celui du dimanche londonien, qu'il a d'ailleurs dépeint dans une de ses pièces en prose, justement intitulée "Un dimanche". Cette pièce, écrite à Londres et publiée dans La Société Nouvelle en 1890 rappelle quant à son atmosphère bien des poèmes citadins de cette période:

> Un ciel tout en haillons, de ses nuages brouille une grise
> lumière, et la pluie tombe, longitudinalement, comme
> un ennui parallèle à un ennui./.../ La pluie seule
> essuie en silence la tristesse des siècles des murailles
> et tombe longitudinalement, comme un ennui parallèle à
> un ennui.[35]

Verhaeren n'est pas le seul poète à désigner le jour de repos comme un supplice. Comme le fait remarquer Michaud, le thème est fréquent chez des décadents comme Laforgue, Maeterlinck et Rodenbach.[36] Chez ce dernier surtout, nous retrouvons la même atmosphère que chez Verhaeren: la suite "Cloches du dimanche" du Règne du Silence (1891) en est un exemple éloquent:

                Dimanche: un pâle ennui d'âme, un désoeuvrement
                De doigts inoccupés tapotant sourdement
                Les vitres, comme pour savoir leur peine occulte;
                -Ah! ce gémissement du verre qu'on ausculte! -
                Dimanche: l'air à soi-même dans la maison
                D'un veuf qui ne veut pas aider sa guérison
                Quand les bruits du dehors se ouatent de silence
                Dimanche: impression d'être en exil ce jour,
                Long jour que le chagrin des cloches influence[37]
                Et sans cesse ce long dimanche est de retour!

"Le mal du dimanche" est une expression caractéristique de la névrose que bien des écrivains se plaisent à cultiver à l'époque décadente. Considérant la sensibilité maladive comme la marque d'une supériorité, ils exploitent leurs obsessions dans un but artistique.[38] La poésie de Verhaeren présente de nombreux exemples de cette attitude vis-à-vis des troubles de la vie psychique. Ses poèmes citadins ne suggèrent pas seulement des états de claustration et d'ennui: dans un poème comme "La Morte" des Flambeaux noirs, l'image de la folie se matérialise d'une manière particulièrement expressive. Comme la Seine est dans "Nocturne Parisien" de Verlaine un immense égout, emportant ses cargaisons de noyés,[39] la Tamise est dans le poème de Verhaeren une tombe inexorable, mais le cadavre qui y repose est un phénomène abstrait-la raison:

                En sa robe, couleur de fiel et de poison,
                Le cadavre de ma raison
                Traîne sur la Tamise.

                Des ponts de bronze, où les wagons
                Entrechoquent d'interminables bruits de gonds
                Et des voiles de bateaux sombres
                Laissent sur elle, choir leurs ombres.

Ce qui frappe surtout dans ce poème, c'est la forme concrète sous laquelle la perte de la raison est représentée. La décomposition de l'esprit y est aussi sensible que celle d'un cadavre. Comme un noyé, la raison morte est accompagnée d'un bruit infernal et des vaisseaux noirs de la ville.

Dans une strophe seulement, le poète abandonne le paysage citadin - dans celle où il cherche l'origine de sa maladie mentale, la trouvant dans la satiété intellectuelle ainsi que dans le "rouge empire" des sens. Ce qui domine "La Morte", c'est la vision d'une ville funèbre. Il est évident que la claustration et la folie sont des états avoisinants aux yeux de Verhaeren: les images dont il se sert pour transmettre ces états le prouvent. Tout comme la claustration est liée aux symboles mortuaires, la perte de la raison se présente sous forme d'une procession funèbre qui domine la ville entière:

> Au long des funèbres murailles
> Au long des usines de fer
> Où des marteaux tannent l'éclair,
> Elle se traîne aux funérailles.
> /.../
> Ce sont de grands chantiers d'affolement,
> Pleins de barques démantelées
> Et de vergues écartelées
> Sur un ciel de crucifiement.

Comme souvent chez Verhaeren, cette vision funeste est accompagnée du
"long bruit sourd des tocsins lourds/Clamant le deuil" et le poème se termine dans une atmosphère de résignation totale: la raison morte "s'en va
vers l'inconnu noir/Dormir en des tombeaux de soir".

Dans toute son oeuvre de cette période, Verhaeren revient constamment
aux états de folie. Le trouble nerveux qu'il y dépeint se caractérise par
une grande lassitude: toutes les ressources intellectuelles et affectives
semblent à jamais épuisées. Cette image de la névrose se manifeste d'une
façon explicite dans Les Débâcles, dont "Inconscience" fait partie:

> L'âme et le coeur si las des jours, si las des voix,
> Si las de rien, si las de tout, l'âme salie;
> Quand je suis seul, le soir, soudainement, parfois,
> Je sens pleurer sur moi l'oeil blanc de la folie.

Dans "L'Angoisse" des Poèmes Saturniens, Verlaine, "lassé de vivre", renie
également "toute pensée" ainsi que l'amour. Lui aussi craint la faillite
de sa raison: "Mon âme pour d'affreux naufrages appareille". Avec ses visions de folie et de désespoir, avec son besoin de se "martyriser" et
d'être son "bourreau" lui-même,[40] Verhaeren nous fait pourtant penser à
un autre écrivain, à Lautréamont, et à ses Chants de Maldoror (1874). Dès
les années 1880, des poètes belges comme Verhaeren et Maeterlinck découvrent
l'intérêt qui réside dans l'ouvrage étrange de cet auteur, qu'ils cherchent
à faire connaître à un plus grand public.[41] (Comme on le sait, Les Chants
de Maldoror devaient pourtant attendre les surréalistes pour être reconnus.)
On devine aisément que les tendances sadiques, les images hagardes, ainsi
que le bestiaire bizarre de l'ouvrage de Lautréamont ont dû fasciner Verhaeren à cette époque, mais, comme le constate Robert Frickx, il est trop
risqué de voir une influence directe de cet écrivain dans la trilogie.

Comme Lautréamont, Verhaeren se montre préoccupé par la débauche
sexuelle et par la prostitution. Dans "La Morte", ce sont les désirs

charnels qui contribuent à déclencher la folie; dans "La Dame en Noir" des
Flambeaux noirs, la prostituée symbolise le vice, poussant irrésistiblement
les hommes vers la destruction totale. Car le paradis que cherche "l'esprit
dément" dans la "sombre dame des carrefours" est un paradis noir - la mort.
La vision hallucinante de la dame en noir, incite les hommes détraqués à
chercher consciemment l'anéantissement de leur intellect dans les excès
sexuels. La puissance mortelle de la débauche se dessine d'une façon expressive dans l'image de la prostituée qui désigne l'acte sexuel comme une
cérémonie funèbre:

> Aux douloureux traceurs d'éclairs
> Et de désirs sur mes murailles,
> J'offre le catafalque de mes chairs
> Et les cierges des funérailles.[42]

L'image de la prostituée est un élément bien à sa place dans la ville
funèbre de la trilogie. En fait, "La Dame en Noir" n'apporte que certaines
variations aux thèmes caractéristiques de ses poèmes citadins: le besoin
d'évasion et l'aspiration à l'autodestruction.[43]

Matérialisation de la vie psychique

Pour traduire des états d'âme, dans "Au loin" comme dans la plupart des
poèmes de la trilogie, Verhaeren dote les éléments du décor citadin de
qualités, applicables à la vie psychique. Les sensations visuelles et
auditives de l'image de la ville mettent ainsi fortement en relief les
souffrances mentales qui constituent le fond de cette poésie. Dans "Les
Rues" des Soirs, le "roulement plaintif de chariot /.../ geint et crie" et
les façades même semblent munies d'une vie sentimentale. Et c'est par des
images bien inattendues que le poète évoque, dans le même poème, les affiches
et les vitrines de la ville:

> La façade semble pleurer des lettres d'or
> Et les vitres montrer des coeurs rouges qu'on saigne.

Rodenbach se sert fréquemment de la même méthode: avec des images concrètes
- "Une cloche pleurait dans l'air endolori"[44] , "les gouttières sanglotent"[45]
- il traduit les sensations d'un état d'âme. Cette matérialisation de la
vie sentimentale est particulièrement caractéristique des Serres chaudes.
Alf Nyman a consacré un ouvrage à ce phénomène, en l'illustrant par des

études sur la poésie de Maeterlinck et de Verhaeren.[46] Dans une analyse de
"Londres" (Les Soirs), il montre la transformation du paysage citadin en
paysage mental: certains éléments concrets de l'image de la ville servent
à évoquer un paysage à la fois extérieur et intérieur. Cette double fonction du décor citadin est frappante dans la deuxième strophe du poème:

> Gares de suie et de fumée, où du gaz pleure
> De sinistres lueurs au long de murs en fer,
>   Où des bêtes d'ennui bâillent à l'heure
> Dolente immensément, qui tinte à Westminster.

Le poème indique les relations entre le paysage extérieur et le paysage
intérieur   dès le premier vers: "Et ce Londres de fonte et de bronze, mon
âme", qui pourtant peint surtout l'extérieur de la ville. Sa dernière
strophe évoque la fusion totale du concret et de l'abstrait: "O mon âme du
soir, ce Londres noir qui traîne en toi!" Notons que cette progression est
caractéristique   des poèmes verhaereniens de cette période: "Au loin" ainsi
qu'"Un Soir" en sont des exemples. Lloyd James Austin observe dans son
ouvrage que Baudelaire s'est servi de cette méthode dans la série de poèmes,
intitulés "Spleen". L'état d'âme du poète est d'abord évoqué d'une manière
entièrement indirecte par des images concrètes. "Mais (Baudelaire) réunit
des sensations et des images variées qui toutes concourent à suggérer et
à communiquer le sentiment qui domine le poète, victime du spleen".[47]

   "L'âme, c'est le mot clé de l'époque", constate Michaud dans son Message
poétique du symbolisme, (1947) en montrant à quel point des poètes comme
Laforgue, Samain et Maeterlinck sont fascinés par les expressions de la vie
mentale.[48] On retrouve la même fascination dans les poèmes de Verhaeren,
examinés ici. Chez celui-ci, la description de la ville funèbre, lieu clos
provoquant la folie et le désir d'évasion, annonce une volonté de représen-
ter dans son oeuvre la vie psychique d'une âme désorientée. C'est ce désir
de peindre, en premier lieu, le paysage intérieur d'un seul individu qui
explique le nombre restreint de personnages dans ces poèmes. La présence
humaine est indiquée par des expressions comme "mon âme" et "mon coeur".
Il est significatif que la foule, élément dynamique dans les recueils
suivants, ne figure que dans deux de ces poèmes: "La Tête" (Les Débâcles)
et "La Révolte" (Les Flambeaux noirs). Le premier exprime, comme souvent
dans la poésie décadente, du mépris de la foule. Le deuxième - Verhaeren
donne ici à la foule un pouvoir révolutionnaire - appartient à son oeuvre
d'inspiration sociale.

"Les Villes" (Les Flambeaux noirs)

C'est dans Les Flambeaux noirs que commence à se manifester cette ville
envahissante, qui se dessinera avec tant d'emphase dans la trilogie sociale.
Le nouveau caractère de l'image citadine dans ce recueil s'annonce surtout
dans deux de ses poèmes: "La Révolte" et "Les Villes". Comme "Les Villes"
illustrent nettement la transition d'une poésie intravertie à une poésie
extravertie, ce poème sera également analysé ici. C'est Londres, où Verhaeren
séjourne si souvent, qui a servi de modèle à ce poème - son nom y est
explicitement mentionné - mais en même temps "Les Villes" peuvent représen-
ter n'importe quelle cité industrielle.

Dans "Les Villes", l'image de la ville revêt une double fonction: sous
certains aspects, elle sert encore à communiquer l'atmosphère que dégagent
les poèmes examinés ci-dessus, mais à côté de cette vision apparaît celle
d'une grande cité monstrueuse et dynamique, asservie à la puissance funeste
de l'or. Ce sont les éléments fondamentaux de la ville tentaculaire qui
sont esquissés dans cette vision, vision qui nous laisse déjà deviner un
message politique.

La première strophe des "Villes" nous situe devant une grande aggloméra-
tion industrielle dont l'intensité dramatique s'exprime par des sensations
olfactives, visuelles et auditives:

> Odeurs de poix, de peaux, d'huiles et de bitumes!
> Telle qu'un souvenir lourd de rêves, debout
> Dans la fumée énorme et jaune, dans les brumes
> Et dans le soir, la ville inextricable bout
> Et tord, ainsi que des reptiles noirs, ses rues
> Noires, autours des ponts, des docks et des hangars,
> Où des feux de pétrole et des torches bourrues,
> Comme des gestes fous au long de murs blafards
> - Batailles d'ombre et d'or - bougent dans les ténèbres.
> Un colossal bruit d'eau roule, les nuits, les jours,
> Roule les lents retours et les départs funèbres
> De la mer vers la mer et des voiles toujours
> Vers les voiles, tandis que d'immenses usines
> Indomptables, avec marteaux cassant du fer,
> Avec cycles d'acier virant leurs gelasines,
> Tordent au bord des quais - tels des membres de chair
> Ecartelés sur des crochets et sur des roues -
> Leurs lanières de peine et leurs volants d'ennui.

Les sensations olfactives, relativement peu fréquentes dans les poèmes
citadins de Verhaeren, donnent ici une image suggestive des activités de la
ville. Tandis que dans "Au loin", les odeurs "puantes" sont l'expression

un peu diffuse d'un malaise mental, elles prennent donc dans "Les Villes"
un aspect réel et nuancé. On peut noter d'autres différences entre les deux
poèmes dans les vers cités ci-dessus: le caractère statique de la ville
dans Les Soirs est ici remplacé par un dynamisme remarquable. La cité est
transformée en une puissance active et vibrante, dont l'énergie farouche
contraste fortement avec l'atmosphère léthargique qui domine la ville dans
"Au loin". Cette transformation s'exprime d'une manière évidente par
l'emploi des verbes, chargés de vitalité: la ville bout et elle tord ses
rues, le bruit d'eau roule constamment sur la ville, les marteaux cassent
du fer, les usines tordent leurs lanières et les cycles virent leurs
gelasines. Les adjectifs servent, eux aussi, à mettre en relief la nature
dominatrice et puissante de la cité: la fumée est énorme, la ville est
inextricable comme un labyrinthe, le bruit est colossal, les usines sont
immenses et indomptables. La peinture assez détaillée des établissements
industriels donne également un aspect beaucoup plus vivant à l'image citadine - c'est d'ailleurs dans Les Flambeaux noirs que l'usine se présente
pour la première fois dans l'oeuvre de Verhaeren. Elément de décor dans
"La Morte", la fabrique représente dans "Les Villes" la puissance menaçante
de l'industrie. Dans Les Villes tentaculaires, Verhaeren consacrera un
poème entier à l'influence maléfique qu'exercent les usines sur la vie
citadine.

Malgré tous ces nouveaux aspects, la vision de la ville garde encore
un caractère irréel: la peinture de la cité évoque non seulement la réalité
extérieure, mais aussi le spleen qui domine la plupart des poèmes de la
trilogie. "Lourd de rêves", le paysage citadin transmet des sensations
affectives, apparentées à celles qui se manifestent dans "Au loin". La
différence, c'est qu'ici, l'ennui est associé aux inventions de la technique
moderne. Les usines tordent "Leurs lanières de peine et leurs volants
d'ennui", vers qui provoque un effet un peu étonnant, puisque les usines
sont aussi l'image des forces déchaînées et indomptables de l'ère industrielle.
C'est ce dernier aspect qui dominera par la suite l'image de l'industrie
dans la poésie de Verhaeren.

Dans la deuxième strophe, Verhaeren continue sa fresque de la ville
industrielle en introduisant pour la première fois le train, élément auquel
il accordera une large place dans les recueils suivants:

Au loin, de longs tunnels fumeux, au loin, des boues
Et des gueules d'égout engloutissant la nuit;
Quand stride un cri qui vient, passe, fuit et s'éraille:
Les trains, voici les trains qui vont broyant les ponts,

> Les trains qui vont battant le rail et la ferraille,
> Qui vont et vont mangés par les sous-sols profonds
> Et revomis, là-bas, vers les gares lointaines,
> Les trains soudains, les trains tumultueux - partis

Elisabeth Küchler a déjà noté que la répétition du mot "train" contribue
à créer le rythme accéléré qui caractérise cette strophe.[49] L'accumulation
des verbes souligne également l'activité fiévreuse et le bruit énervant des
chemins de fer. Le sifflet perçant des locomotives et le martèlement lourd
des roues donnent à l'image citadine la vie intense qui dominera la ville
tentaculaire. Nous sommes loin ici du tintement sinistre des cloches,
accompagnant la débâcle psychique dans "Au loin".

Les gares et les trains font de la ville le centre incontestable des
activités de l'époque moderne - dans "Les Villes" nous trouvons le reflet
de cette nouvelle fonction de la cité. La longue strophe suivante ne fait
que préciser cette image de la ville, grande foire du globe entier:

> Sacs de froment, tonneaux de vin, ballots de laine!
> Bois des îles tassant vos larges abattis,
> Peaux de fauves, avec vos grandes griffes mortes,
> Et cornes et sabots de buffle et dents d'aurochs
> Et reptiles, rayés d'éclairs, pendus aux portes
> O cet orgueil des vieux déserts, vendu par blocs,
> Par tas; vendu! ce roux orgueil vaincu de bêtes
> Solitaires : oursons d'ébène et tigres d'or,
> Poissons des lacs, vautours des monts, lions des crêtes,
> Hurleurs de Sahara, hurleurs du Labrador,
> Rois de la force errante à travers l'étendue.

Comme dans "Au loin", le lointain exotique contraste fortement avec les
"pavés noirs" et les "mornes soirs" de la ville, évoqués dans les vers
suivants du poème, mais cette opposition ne provoque pas le même effet dans
les deux poèmes. Dans "Les Villes", l'image des régions exotiques n'est pas,
en premier lieu, l'expression d'un désir d'évasion: les vers cités montrent
l'exploitation des contrées les plus éloignées, soumises à l'influence du
capital. Dominés par leur soif au gain, les hommes n'hésitent pas à profaner
la souveraineté des bêtes fauves, en faisant d'elles une marchandise.

Dans la deuxième partie de la strophe, nous nous trouvons de nouveau
face à la ville:

> Voci Londres cuvant, en des brouillards de bière,
> Enormément son rêve d'or et son sommeil
> Suragité de fièvre et de cauchemars rouges;
> Voici le vieux Londres et son fleuve grandir
> Comme un songe dans un songe, voici ses bouges
> Et ses chantiers et ses comptoirs s'approfondir
> En dédales et se creuser en taupinées,

Et par-dessus, dans l'air de zinc et de nickel,
Flèches, dards, coupoles, beffrois et cheminées,
-Tourments de pierre et d'ombre - éclatés vers le ciel.

Comparée à la vision citadine du début du poème, la ville a perdu beaucoup
de son caractère concret. C'est une impression d'irréalité, presque d'hallucination qui domine cette fresque citadine. L'intensité de la vie de la
métropole, mise en relief dans la première strophe, est renforcée dans ces
vers qui parent la ville d'une puissance explosive: indomptable, elle se
dresse de plus en plus gigantesque devant nos yeux, menaçant le ciel de ses
tours grandissantes. Mais Verhaeren ne se contente pas seulement de traduire
l'impression cauchemardesque et fiévreuse qui émane de la cité, il dénonce
ici explicitement la force motrice de ces activités frénétiques:

Soifs de lucre, combat du troc, ardeur de bourse!
O mon âme, ces mains en prière vers l'or,
Ces mains monstrueuses vers l'or - et puis la course
Des millions de pas vers le lointain Thabor
De l'or, là-bas, en quelque immensité de rêve,
Immensément debout,immensément en bloc?
Des voix, des cris, des angoisses, - le jour s'achève,
La nuit revient - des voix, des cris, le heurt, le choc
Des renaissants labeurs, des nouvelles batailles
En tels bureaux menant, de leurs plumes de fer,
A la lueur du gaz qui chauffe les murailles,
La lutte de demain contre la lutte d'hier,
L'or contre l'or et la banque contre la banque...

L'or est le nouveau dieu de l'humanité - c'est le message qui se dégage des
vers cités ci-dessus. L'aspect religieux du culte, voué au capital, est
souligné par l'image des mains, levées en prière vers le veau d'or, ainsi
que par l'allusion, faite à la montagne de Thabor, symbolisant ici les
illusions démesurées des hommes sur leurs possibilités de s'enrichir.
    Cette image de l'emprise de l'or est suivie par une peinture beaucoup
plus concrète du mécanisme capitaliste, qui tyrannise la ville entière du
matin au soir. Le rythme accéléré de ces vers transmet efficacement la
fébrilité angoissée des spéculateurs, ainsi que la lutte à mort des banques
rivalisantes. Cette lutte, provoquée par la domination grandissante de
l'or ne concerne pas seulement le monde financier - elle menace toute la
civilisation traditionnelle.
    Dans la strophe finale Verhaeren s'adresse - comme il le fait si souvent
- à son âme, en peignant une atmosphère de destruction complète:

S'anéantir mon âme en ce féroce effort
De tous; s'y perdre et s'y broyer! Voici la tranque,
La charrue et le fer qui labourent de l'or
En des sillons de fièvre. O mon âme éclatée
Et furieuse! ô mon âme folle de vent
Hagard, mon âme énormément désorbitée,
Salis-toi donc et meurs de ton mépris fervent!
Voici la ville en or des rouges alchimies,
Où te fondre l'esprit en un creuset nouveau
Et t'affoler d'un orage d'antinomies
Si fort qu'il foudroiera ton coeur et ton cerveau!

A certains égards, nous retrouvons la même fusion du concret et de l'abstrait
dans "Les Villes" que dans les autres poèmes examinés. Comme les forces
immanentes de la ville menacent de la faire exploser, l'âme désorientée est
en proie à une tension extrême, qui frise la folie et la mort. Et pourtant,
il y a entre "Les Villes" et "Au loin" des différences remarquables: la
ville ne se présente pas comme une prison déprimante - elle se manifeste
ici comme une puissance vitale, un "creuset nouveau" qui incite les hommes
à des activités fébriles. Cette nouvelle cité semble exercer un pouvoir
d'attraction sur le "Je" du poème. Il est significatif que le thème d'évasion n'est pas lié à la vision citadine dans ce poème. Délibérément, le "Je"
cherche son anéantissement dans l'univers antinomique qu'est la ville.

Selon E. Küchler, cette destruction volontaire de soi est due à l'influence de la grande ville dynamique. La petite ville inviterait au contraire
à un anéantissement lent et passif.[50] Il est pourtant trop simpliste de
voir dans toute grande ville un phénomène actif, engageant le poète à des
activités destructives. Les visions citadines ont dans "Au loin" et dans
"La Morte" un caractère plutôt léthargique, correspondant à l'apathie qui
constitue le fond de ces poèmes. Il est plus justifié de constater, comme
le fait Charles Brutsch, que nous assistons à une "projection extérieure".[51]
Verhaeren révèle ici qu'il commence à percevoir la grande ville comme
l'expression caractéristique de la civilisation moderne. Par la suite, elle
ne remplira pas seulement la fonction de décor: dans la trilogie sociale,
l'image de la ville tumultueuse de l'époque moderne sera le centre complexe
dominé par les souffrances d'un être collectif, et non pas par celles d'une
âme individuelle. (Un signe extérieur de ce changement de perspective est
la disparition des exclamations du type "o mon âme", ainsi que du "Je"
impérieux.)

Une ville antinomique, à la fois menaçante et attirante, une ville qui
est le creuset de la civilisation moderne, voilà ce que bien des critiques
ont vu aussi dans la poésie baudelairienne. Hugo Friedrich constate qu'aux

yeux de Baudelaire, la grande cité représente quelque chose de négatif "avec son absence de végétation, sa laideur, son asphalte, sa lumière artificielle, ses effondrements de pierre, ses péchés, sa solitude dans ses tourbillons humains"; la ville, cn tant que symbole du progrès, le remplit également de dégoût. En même temps, la conception baudelairienne de la modernité "fait /.../ de tout élément négatif un élément de fascination".[52] Dans son article "Ville et Modernité dans Les Fleurs du Mal", France Joxe relève, lui aussi, cette attitude complexe du poète qui à la fois "a pressenti le 'merveilleux moderne' des nouveaux objets, et la mystérieuse menace dont ils étaient porteurs". Et il ajoute que non seulement Baudelaire ose considérer les objets de l'époque moderne comme matière poétique, mais aussi il les intègre par le langage.[53] Dans la poésie de Verhaeren, la grande ville présente la même attitude à l'égard de la civilisation moderne, et le poète se sert, lui aussi, de termes exacts pour évoquer cette réalité.

Dans un autre sens, la poésie citadine de Verhaeren se distingue incontestablement de celle de Baudelaire: le dégoût qu'il montre vis-à-vis de la civilisation technique et industrielle est fortement influencé par son engagement social, tendance dont nous pouvons observer les premières traces dans Les Flambeaux noirs et qui sera d'autant plus manifeste dans sa trilogie sociale. A l'époque où il compose ce recueil, Verhaeren commence à prendre conscience de la crise sociale qui secoue la Belgique. Comme beaucoup d'écrivains et d'artistes belges de ce temps, il participera à l'oeuvre sociale, y étant invité par Edmond Picard, dont il fit la connaissance dès 1881. C'est d'ailleurs à Picard que Verhaeren dédie Les Flambeaux noirs.

Avec la vision effrayante de la grande cité moderne, évoquée dans "Les Villes", Verhaeren dévoile pour la première fois dans sa poésie l'indignation qu'éveillent chez lui certaines manifestations de la société capitaliste dans laquelle il vit. C'est dans "Les Villes" qu'il dénonce d'abord l'influence désastreuse de l'industrie moderne. Dans ce poème il esquissera pour la première fois l'image de la cité, foire du monde entier et centre de la domination capitaliste, vision qui se dessinera sous une forme plus élaborée dans Les Villes tentaculaires, dont "Les Usines", "Le Bazar" et "La Bourse" font partie. Dans Les Flambeaux noirs nous retrouvons également la première esquisse de "La Révolte" des Villes tentaculaires, poème où Verhaeren révèle sa foi dans la force révolutionnaire du peuple. C'est donc dans Les Flambeaux noirs, et non pas dans le "Saint-Georges" des Apparus dans mes chemins, qu'il faut voir le premier témoignage de l'intérêt

que Verhaeren portera aux questions sociales de son temps.[54] "Les Villes"
montrent que Verhaeren commence à découvrir dans la poésie une nouvelle
fonction: il ne s'agit plus de l'univers clos d'un névrosé, mais de
l'existence problématique des citadins et ruraux, victimes de la société
industrielle.

II. VILLE TENTACULAIRE - VILLE CAPITALISTE: LA TRILOGIE SOCIALE

C'est avec ses deux recueils, Les Campagnes hallucinées (1893) et Les
Villes tentaculaires (1895), ainsi qu'avec son drame Les Aubes (1898) -
qualifiés de trilogie par l'auteur lui-même - que Verhaeren s'oriente dé-
finitivement vers la réalité extérieure de son temps. Avec des écrivains
comme Camille Lemonnier et Georges Eekhoud et des artistes comme Constantin
Meunier et Eugène Laermans, il se range parmi les nombreux intellectuels
belges qui s'engagent dans la lutte sociale. Comme ses confrères, Verhaeren
crée des ouvrages, consacrés à la question ouvrière, en y prenant parti
pour les victimes de l'industrialisation. L'univers citadin de la trilogie
sociale est un monde effrayant, dominé par deux puissances, étroitement
liées l'une à l'autre: le capital et l'industrie. Le triptyque forme une
large fresque de la métropole de l'ère industrielle, époque où la technique
intervient d'une manière extrêmement brutale dans l'existence humaine.
Plusieurs poètes furent fascinés, avant Verhaeren, par la révolution industrielle, ainsi que par les inventions nouvelles de leur temps. Comme
l'un des premiers, Victor Hugo évoque dans sa poésie les nouveautés techniques et le travail industriel de son époque. Dans son poème "Paris" de
1831, Alfred de Vigny, saisi par la beauté de la grande cité moderne, exprime sa foi dans le progrès technique. Par contre,Auguste Barbier
n'affiche pas la même attitude enthousiaste vis-à-vis des transformations
de cette période: dans sa suite de poèmes, intitulée "Lazare" (1837), il
critique sévèrement les conséquences néfastes de la révolution industrielle.
Ce nombre grandissant de poèmes, dédiés aux nouveautés techniques donne
naissance à une discussion animée, portant sur la justification d'un art
qui s'inspire du monde industriel, et c'est avec la publication des Chants
Modernes de Maxime du Camp en 1855 qu'elle culmine. Les adhérents de
l'art pour l'art attaquent violemment du Camp qui n'hésita pas à prendre
la réalité de son époque pour matière de sa poésie.

En Belgique, deux poètes avant Verhaeren s'inspirèrent du même phénomène:
Théodore Weustenraad chante avec enthousiasme les progrès techniques dans
des poèmes comme "Le Remorqueur", publié en 1841, et "Le Haut-Fourneau" (1844),
et Charles Potvin est l'auteur d'un long poème, intitulé "La Vapeur, légende
dramatique en quatre parties", publié en 1854.[1] Avec sa poésie qui dépeint
la société industrielle, Verhaeren continue donc une tradition, commencée
par Hugo dont il est du reste un grand admirateur. Le poète belge ne cherche

pourtant pas son inspiration chez ses prédécesseurs - c'est plutôt le climat politico-social qui le pousse à s'engager dans les problèmes de son époque, époque qui voit naître tant d'ouvrages littéraires et artistiques, renfermant une dure critique de la société capitaliste.

La ville qui se dessine dans l'oeuvre sociale de Verhaeren est la grande cité industrielle, avec ses gares et ses usines, ses grands magasins et ses faubourgs. C'est une ville, où la misère du peuple et les spéculations des bourgeois sont des constituants caractéristiques. Elle ne porte presque jamais de nom: le plus souvent, il est impossible de dire s'il s'agit de Londres, de Paris, d'Anvers ou de Bruxelles. Il est d'ailleurs sans intérêt d'essayer de distinguer tel ou tel modèle. Verhaeren n'a pas eu l'intention de brosser l'image détaillée d'une ville particulière. Avec ses fresques citadines, il a pénétré au coeur du débat si passionné sur la condition de l'homme, placé dans une société hautement industrialisée.

Profondément saisi par la misère des campagnes délaissées et par la frénésie de la vie citadine, Verhaeren compose des poèmes puissants, images évocatrices de la réalité industrielle de cette période. L'unité de la trilogie est accentuée par la disposition même des poèmes, ainsi que par les motifs, figurant dans ses trois parties. Le premier recueil, qui brosse l'image d'une campagne dominée par la misère, par l'isolement et par la folie, commence par le poème "La Ville", peinture vigoureuse et effrayante de la cité industrielle, dont les tentacules attirent les campagnards. Le poème qui ouvre Les Villes tentaculaires, "La Plaine", renoue avec Les Campagnes hallucinées en montrant des champs irrémédiablement abandonnés: "La Plaine est morne et morte - et la ville la mange". La trilogie repose sur le contraste ville - campagne et le poème cité plus haut révèle un des aspects de cette antithèse si vivante dans l'oeuvre verhaerenienne. Il souligne avec nostalgie l'opposition de la campagne de jadis "où s'étageaient les maisons claires/ Et les vergers et les arbres parsemés d'or" et la grande ville industrielle d'aujourd'hui. "La noire immensité des usines rectangulaires" a pour toujours vaincu la campagne pacifique.

Par leur perspective dans le temps, la plupart des poèmes des Villes tentaculaires se laissent grouper en trois catégories: passé, présent et futur. Les quatre poèmes, intitulés "La Statue", se tournent vers le passé de la ville et font partie du premier groupe; "Les Usines", "La Bourse" et "La Révolte", dont les titres mêmes symbolisent la vie fiévreuse et turbulente de la cité du présent illustrent la deuxième catégorie; "La Recherche" et "Les Idées", évoquant un futur où la capacité intellectuelle des hommes

portera des fruits, appartiennent au troisième groupe. C'est l'existence
chaotique de la grande ville moderne, dépeinte dans la deuxième catégorie,
qui domine le recueil.

La dernière partie de la trilogie est un drame symboliste, renfermant
des tendances nettement révolutionnaires. Dans la pièce, nous trouvons des
aspects déjà esquissés dans les deux recueils précédents, et le poëte y
donne l'ébauche d'une solution aux problèmes crées par la ville moderne.
C'est à Oppidomagne, ville gigantesque et révoltée,que se déroule une action complexe et pleine de péripéties. Par des groupes de personnages,
Verhaeren y expose toute une série de conflits qui éclatent au sein de la
cité: collisions entre les campagnards et les citadins,les uns conserva-
teurs, les autres révolutionnaires, confrontations entre le gouvernement et
les ouvriers grévistes, guerre entre Oppidomagne et des nations ennemis -
cette brève esquisse montre combien l'action du drame est chargée. Parmi
les héros, c'est Hérénien, surhomme, qui en sa qualité de tribun populaire
réussit à pacifier tous les camps antagonistes: finie l'animosité entre
citadins et campagnards, finies également les activités martiales. La ville
sort purifiée de la crise pour commencer une meilleure existence, exempte
d'oppression et de guerre. Le drame dont ni l'action, ni l'idéologie ne
sont très claires se termine dans une atmosphère pleine d'espoir: "Et maintenant, que les Aubes se lèvent".

La trilogie sociale et la critique de nos jours

Bien des critiques ont préféré négliger l'attitude sévère qu'adopte Verhaeren vis-à-vis de la société industrielle, attitude dont la trilogie
sociale est le meilleur témoignage. On s'entend plutôt pour souligner qu'il
accepte, sans hésitation, l'évolution industrielle et la grande ville
moderne de son temps. Emilie Noulet représente cette opinion, quand elle
constate à propos des Villes tentaculaires:

> loin de déplorer le développement des chantiers, des ports, des
> usines, des banques, (il dirige) son inspiration vers le spectacle
> de la prodigieuse transformation des grandes cités. Il y voit le
> témoignage de l'énergie humaine sous son aspect le plus positif et
> le plus audacieux.[2]

Enid Starkie, consciente que le poëte associe misère et vie citadine,
n'hésite pas à voir dans l'évocation des établissements industriels de la

trilogie, l'expression de la fascination qu'exerce sur Verhaeren la société de son époque. Il est significatif qu'elle considère "Les Usines", peinture dantesque du travail industriel, comme un "beau tableau" et comme une glorification de la science:

> Partout (Verhaeren) a vu de beaux tableaux, non seulement dans les vieilles choses acceptées, /.../ mais dans les lignes élancées de ces immenses usines de fer en Allemagne /.../ Il a vu la grande beauté de ces hautes cheminées d'usines, se profilant en noir, au crépuscule, sur l'horizon embrasé./.../ Il faut regarder ces grandes toiles, s'enivrer de leurs couleurs et de leur mouvement: il ne faut pas chercher la pensée savante et profonde.[3]

Stefan Zweig relève le même aspect en constatant que c'est la beauté et l'enthousiasme qui dominent les poèmes des Villes tentaculaires. Verhaeren serait même le premier à traduire la splendeur de la grande ville moderne:

> Verhaeren crée maintenant le poème de la grande ville dans le sens dionysiaque, l'hymne à notre époque, l'extase toujours renouvelée devant la vie.[4]
> Pour la première fois se trouve ici dégagée la beauté des fabriques, des "usines rectangulaires", la fascination des gares, et toutes les beautés inconnues des choses neuves.[5]

Frappé par le rôle que joue le capital dans la trilogie, Zweig voit même dans la convoitise, passion qui domine profondément la vie citadine, quelque chose de positif et de fascinant,[6] opinion qu'il partage avec Charles-Baudouin. "Déjà dans Les Villes tentaculaires, (Verhaeren) a chanté la Bourse et la fièvre de l'or. Toujours il s'en exalte", constate Charles-Baudouin, trouvant d'ailleurs que dans ce recueil, le poète glorifie "à l'outrance" la grande ville moderne.[7] A ses yeux, c'est ici que se manifeste "la symbolique acceptation de l'usine" dont fait preuve Verhaeren.[8]

Dans une certaine mesure, nous retrouvons dans l'analyse que Ronald Sussex fait des Villes tentaculaires les mêmes idées, mais ses observations sont plus nuancées que celles citées ci-dessus. C'est à partir de ce recueil que la vie moderne est "belle et significative" dans la poésie de Verhaeren,[9] constate-t-il, et il développe ainsi sa pensée:

> là où Tolstoï, Ruskin et les esthètes voient néfastes les effets de l'industrialisme, et les symbolistes s'en écartent, Verhaeren accepte avec ferveur le devoir de poète de glorifier cette nouvelle manifestation de l'énergie humaine.[10]

C'est avec un peu d'étonnement que l'on lit, dans le même chapitre, que "Verhaeren ne ferme pas les yeux à la laideur et même à l'horreur des grandes

villes industrielles" et que, dans Les Villes tentaculaires, l'homme est
la "victime pitoyable du machinisme"[11]:"Voyant dans la ville tentaculaire
une sangsue impitoyable, Sussex formule la question suivante, essentielle
à la compréhension du recueil:

> Devant cette pieuvre qui a sucé la vie des plaines Verhaeren
> tergiverse: est-ce vraiment un progrès que l'ancienne paix des
> champs soit anéantie par cette énorme "bête humaine"? Que les
> yeux de l'homme, et ses mains, et son corps ne soient plus que des
> morceaux de chair dans le vaste engrenage industriel?[12]

Sussex ne se donne pas la peine d'analyser les éléments négatifs, figurant
dans un recueil qui, selon lui, glorifie la vie moderne. Dans les passages
où il discute brièvement les aspects rebutants du paysage citadin, évoqués
dans les poèmes, il s'arrête net pour constater que le poète n'a pas pu
trouver de remède à l'abandon des campagnes, ni à l'exploitation des hommes,
mais "sans plus se débattre, il plonge dans la vie de la ville".[13]

Il est évident que Sussex renonce à voir les conséquences de son raisonne-
ment, et que c'est lui, plutôt que Verhaeren, qui tergiverse. Car est-ce
que l'auteur des Villes tentaculaires est un poète qui glorifie la cité
moderne, si c'est sur les côtés monstrueux de la civilisation moderne
qu'insistent de nombreux poèmes de ce recueil?

Percy Mansell Jones a étudié ce problème dans un petit ouvrage, où il
désigne Les Villes tentaculaires comme l'oeuvre d'un "révolté", et il y
voit une forte réaction contre la corruption de la grande ville industrielle.
Il commente ainsi l'impression que le recueil provoque sur les lecteurs:

> Optimistic acceptance of the expanding powers of materialism and
> the insistence on a "beauty of modern" are far more restrained
> during this phase than seems to have been perceived by the poet's
> contemporary admirers. Resistance is strong and shows no complacency
> towards the conditions of capitalistic productivity. Even the
> praise of scientific progress with which the series ends is in
> strong contrast to the spirit of the volume which is sensitive
> and troubled with anxieties and regrets.[14]

A l'interprétation convaincante de Mansell Jones, il faut ajouter que "Vers
le futur", le poème qui termine le recueil et dont l'atmosphère si optimiste
contraste le plus avec les autres poèmes, ne figure pas dans la première
édition, mais a été ajouté plus tard seulement, à savoir à la deuxième
édition, celle de 1904. Très probablement, ce poème fut composé à l'époque
créatrice qui suit la trilogie sociale, période où l'attitude du poète
vis-à-vis de la grande ville est beaucoup plus positive. L'effet de contraste,

relevé par Mansell Jones, est provoqué surtout par ce poème, ce qui montre implicitement que, dans son ensemble, Les Villes tentaculaires est un recueil qui critique, plutôt qu'il ne glorifie la société moderne.[15]
Dans un article où elle examine les différentes étapes du recueil en question, Marie-Hélène Dozot commente cette adjonction du poème, en soulignant justement combien "Vers le futur" s'oppose à la plupart des poèmes des Villes tentaculaires. Elle ne discute pourtant pas à quel point "Vers le futur" a pu modifier l'impression générale que provoque le recueil chez les critiques et elle n'analyse pas les rapports éventuels entre l'adjonction de ce poème et l'évolution idéologique de Verhaeren.[16] Au cours de ce travail, nous reviendrons à ces problèmes, en relevant dans certains poèmes des modifications qui trahissent chez le poète un changement d'attitude dans le domaine politique.

Mansell Jones n'est pas le seul à voir dans Les Villes tentaculaires une critique de la société capitaliste: certains critiques sont rebutés par les tendances politiques qui s'y manifestent, regrettant, comme le fait Georges Buisseret, que le poète se soit "laissé séduire par les doctrines socialistes". Celui-ci tient même à avertir le lecteur de l'influence d'ordre politique qui le menace à la lecture de certains poèmes:

> Dans Les Villes tentaculaires, le risque est plus grand de se laisser prendre au socialisme d'Emile Verhaeren: il faut, ici, lire avec plus de prudence et se tenir d'autant plus sur la défensive que les poèmes essentiellement socialistes y sont les plus beaux et que leur élan, leur rythme, entraînant l'approbation de l'oreille qui y trouve du plaisir, pourraient tout aussi bien emporter l'assentiment d'une intelligence trop peu méfiante.[17]

Les tendances socialistes dans l'oeuvre de Verhaeren sont nuisibles à sa renommée - voilà une opinion qui explique, dans une certaine mesure, la retenue qu'affichent certains critiques vis-à-vis de la trilogie sociale et surtout vis-à-vis de sa dernière partie. Jos. de Smet semble même s'excuser de mentionner Les Aubes, ce drame "égalitaire à outrance" par lequel Verhaeren se fait "de plus l'apôtre de l'internationalisme". Et il ajoute:

> Si le souci de la critique impartiale nous oblige à rappeler ces choses dont on aimerait mieux pouvoir se taire, nous ne songeons nullement à diminuer la mémoire du grand patriote que nous admirons en Verhaeren.[18]

Un peu simplifiée, l'attitude des critiques envers la trilogie sociale peut donc se caractériser ainsi: ou bien on ne discute pas, ou on ne discute que très sommairement, les aspects rebutants de la vision citadine. D'autre part, si l'on considère la mise en relief des conséquences négatives de la révolution industrielle comme une expression de la conviction socialiste du poète, on préfère ne pas tirer au jour cette partie, selon la plupart des critiques peu à sa place dans la production verhaerenienne. Une question qui n'a pas été posée est la suivante: dans quelle mesure la ville tentaculaire de l'oeuvre verhaerenienne correspond-elle à la vision citadine et sociale des socialistes de cette époque?

Situation politico-sociale de la Belgique[19]

C'est dans ses nombreux ouvrages sociologiques qu'Emile Vandervelde, leader dynamique du Parti Ouvrier belge, a cherché à définir le rôle que joue la grande cité dans la révolution industrielle. Dans sa conférence Les Villes tentaculaires de 1899 - où il commente d'ailleurs la poésie citadine verhaerenienne[20] - Vandervelde caractérise ainsi la ville industrielle dans la société capitaliste:

> C'est elle, en effet, ce sont les grandes cités aux tentacules d'acier, filles du capitalisme, qui attirent de plus en plus vers elles, l'argent, les produits, les hommes de la campagne: l'argent, sous forme d'impôts et de fermages: les produits dépréciés, par la concurrence mondiale, venant, affluant des quatre coins de la terre, vers Paris, vers Londres, vers Berlin - ces estomacs gigantesques du monde capitaliste: et enfin les hommes, déracinés de la glèbe natale, expropriés de leurs biens communaux, de leurs biens de famille, de leur industrie rurale et poussés vers les villes, entraînés par une force irrésistible.[21]

La puissance magnétique des grandes cités - un des traits les plus caractéristiques de la révolution industrielle - est particulièrement sensible en Belgique. L'industrialisation du pays ne se distingue pas foncièrement de celle des autres nations du continent, mais dans une large mesure, les problèmes sociaux qu'elle entraîne sont plus graves que dans les pays voisins: la rapidité excessive du processus industriel en est la cause. Vers le milieu du XIXe siècle, la Belgique est déjà un pays relativement industrialisé et l'évolution industrielle ne fait que s'accélérer au cours des décennies suivantes. La célérité de ce processus s'exprime par un exode rural qui révolutionne la structure du pays. En 1846, la population agricole constitue un peu plus de la moitié des habitants de la nation - en 1900,

ce n'est qu'un quart des Belges qui habitent la campagne. Ce sont les
grandes villes industrielles qui rassemblent hommes et capitaux: la population de Bruxelles passe de 66 000 en 1800 à 198 000 en 1905. Dès 1835,
la première ligne de chemin de fer est inaugurée et on développe rapidement le réseau ferroviaire, ce qui facilite l'industrialisation du pays.
La Belgique participe activement à la grande expansion économique, caractéristique des pays occidentaux pendant cette période. La nouvelle Bourse
de Bruxelles, bâtiment monumental, construit en 1874, négocie des valeurs
étrangères et favorise les spéculations: la ville est devenue une place
internationale d'une importance incontestable.

L'économie belge doit son essor surtout au développement du commerce
extérieur. Le pays est donc soumis aux fluctuations du marché mondial. Aussi
la longue dépression qui domine l'Occident de 1873 à 1895 est-elle extrêmement sensible en Belgique, nation la plus industrialisée du monde après
l'Angleterre, et où la densité de la population aggrave la situation de
l'ouvrier qui est souvent exposé au chômage. Sous l'effet de la concurrence,
il est aussi obligé d'accepter un salaire qui le réduit à un niveau de vie
inacceptable, plus bas même que dans les autres pays industriels.

Dans son ouvrage monumental, Les Classes ouvrières en Europe I-III
(1884-1896), René Lavollée, diplomate français, examine minutieusement
la situation ouvrière dans toutes les nations européennes à l'exception de
la France. Il constate que la condition de l'ouvrier industriel belge, qui
travaille vers 1880 plus de 12 heures par jour, est peu satisfaisante, et
il précise ainsi son rapport: "la situation des classes ouvrières belges
semblent pouvoir se résumer en trois mots: surabondance de bras, misère
permanente, puissance de la charité".[22]

C'est cette situation qui fait naître chez les ouvriers, mal organisés
pendant cette période, un mécontentement qui explose sous forme de graves
émeutes. En 1886, "l'année terrible" pour citer les historiens, le pays
entier est secoué par des soulèvements que les autorités ont du mal à
maîtriser. C'est un meeting, organisé à Liège par des anarchistes, désirant
commémorer l'anniversaire de la Commune de Paris, qui déclenche les grèves
et les émeutes de cette année. La réunion se termine dans le tumulte et le
lendemain la fureur se propage sous forme de grèves, sévissant dans tous
les centres industriels de Belgique. Le gouvernement ne réussit à mettre
fin à l'agitation qu'au moyen de fusillades.

Les recherches que font les autorités afin de trouver les instigateurs
de ces émeutes n'aboutissent à rien: le gouvernement doit constater que ni

des membres du Parti Ouvrier, fondé en 1885, ni des forces étrangères ne sont responsables des événements sanglants. Il est possible qu'un pamphlet révolutionnaire, Le Catéchisme du Peuple (1885), écrit par Alfred de Fuisseaux, leader socialiste wallon, ait attisé la colère du peuple - il n'en reste pas moins que son action était peu organisée. Comme le constate l'historien Henri Pirenne, "l'émeute avait surgi à l'improviste, simple réflexe d'une colère trop longtemps amassée et d'autant plus violente qu'elle avait été plus spontanée".[23]

Le gouvernement bourgeois qui jusqu'ici na pas voulu tenir compte de la misère ouvrière ne peut plus douter de son existence. Il ne peut plus dire avec Eudore Pirmez, membre libéral du parlement, qui en 1884 a analysé dans un ouvrage la crise que traverse le pays: "C'est la situation des propriétaires et des capitalistes qui est moins bonne, ce sont eux qui souffrent. Nulle plainte du côté du travail".[24]

Si l'émeute de 1886 était l'explosion d'une rage violente, si elle était "spontanée" et n'obéissait à aucun programme, les revendications ouvrières seront par la suite plus précises et les grèves plus organisées. Dépourvus du droit de vote, les ouvriers participent à de nombreuses manifestations, réclamant le suffrage universel. C'est pour obtenir ce droit qu'en 1890, 80 000 hommes défilent un jour dans les rues de Bruxelles. Il est maintenant question de guerre ou de paix civile.

La lutte politique et les intellectuels: La Société Nouvelle

C'est avec une vive attention que l'on observe dans les milieux intellectuels de gauche ces expressions si évidentes du mécontentement populaire et l'attitude que l'on y adopte vis-à-vis des exigences ouvrières se manifeste très clairement dans certaines revues de l'époque. Il s'agit de L'Art Moderne et, surtout, de La Société Nouvelle. Cette dernière revue est un document de grande valeur en ce sens qu'elle prouve l'attention qu'on prête en Belgique aux penseurs et aux écrivains étrangers: commentaires suivis du Capital par Karl Marx, présentation des ouvrages de Pierre Kropotkine et de Jules Vallès, traduction et analyse de certaines parties de l'oeuvre de William Morris - voilà des exemples significatifs de l'intérêt que l'on porte à des penseurs politiques, cherchant, eux aussi, une solution aux problèmes sociaux de leur temps.

A l'heure où Verhaeren projette sa trilogie sociale, on présente dans

La Société Nouvelle des études sur Friedrich Nietzsche et des traductions
de son Also sprach Zarathustra. C'est dans cette revue que, dès 1892, on
traduit certaines scènes de Die Weber par Gerhart Hauptmann. Avec L'Art
Moderne, La Société Nouvelle contribue largement à assurer des relations
étroites entre le milieu culturel et littéraire belge et celui des autres
pays européens.

   Les échos des événements révolutionnaires des années 80 ne se font pas
longtemps attendre: de nombreux articles sur les émeutes sanglantes se
succéderont dans La Société Nouvelle. Dans une large mesure, ses colonnes
sont dominées par les mêmes visions: leurs auteurs sont unanimes pour
prévoir la Grande Révolution, et cette révolution est selon eux juste et
nécessaire. L'attente d'un cataclysme qui caractérise toute l'Europe vers
la fin du XIXe siècle est d'autant plus sensible en Belgique que le pays
est secoué par de graves troubles ouvriers. De ce fait, les articles qui
traitent de l'instabilité politique avancent tous la même thèse: la lutte
des classes a commencé - les événements politiques le prouvent - et la fin
de l'ordre régnant est proche. Les participants de cette grande lutte
sociale exigent que les artistes fassent comme eux: "L'heure est venue de
tremper la plume dans de l'encre rouge"! Voilà l'exhortation péremptoire
qu'adresse en 1886 Edmond Picard aux écrivains dans son article "L'Art et
la Révolution", où il présente Les Paroles d'un Révolté de Kropotkine et
L'Insurgé de Vallès.[25] Picard exerce sur la vie artistique et littéraire
de Belgique une influence remarquable au cours des années 80 et 90. "C'est
avec E. Picard et C. Lemonnier que naît le souffle de la littérature belge",
dit Guy Michaud.[26] Gustave Vanwelkenhuyzen[27] et François Vermeulen[28]
attribuent tous les deux à Picard un rôle considérable dans l'évolution
artistique de Verhaeren. Ils entrent en contact dès 1881, lorsque Verhaeren
fait chez lui un stage juridique. C'est chez celui-ci que la jeune génération de peintres et d'écrivains se réunit, et c'est chez Picard que Verhaeren fait la connaissance d'un grand nombre d'entre eux.

   "L'Art et la Révolution" est intéressant sous plusieurs aspects: nous
y retrouvons le pressentiment d'une révolution, si caractéristique de cette
période, et son auteur saisit l'occasion d'y exposer ses idées sur la fonction de l'artiste dans une société qui se caractérise par de graves injustices sociales et par la corruption morale de la classe régnante. Il
définit ainsi la situation qui sert de point de départ à l'ouvrage de
Kropotkine:

> Une grande révolution marquera la fin du XIXe siècle.
> Historiens, philosophes, la tiennent désormais pour une
> fatalité. Pour y croire, il suffit d'observer le tableau
> qui se déroule: du fond grisâtre, deux faits se dégagent:
> la banqueroute morale des classes régnantes, le réveil des
> classes populaires.

Dans un monde, dominé par les iniquités, l'écrivain ne peut plus se sous-
traire à sa responsabilité sociale: selon Picard, il doit abandonner les
écoles littéraires qui ne s'intéressent qu'à la forme d'une oeuvre d'art
car les théories de l'art pour l'art sont inadéquates dans une société où
sévit la lutte sociale. Désormais, dit-il dans son article, la "vieille et
rassurante démarcation entre l'oeuvre d'art proprement dite et l'oeuvre
d'art sociale" est impossible à maintenir.

La perspicacité de l'écrivain et sa participation à l'oeuvre révolutionnaire sont d'autant plus importantes que le système capitaliste ne
corrompt pas seulement la vie économique de la nation: "Avec son sac d'écus
et ses instincts matériels, (le capitaliste) prostituera la femme et l'enfant; il prostituera l'art, le théâtre, la presse".

C'est en dénonçant les tares de la société capitaliste que les artistes
participent à la révolution qui sera nécessaire pour assainir la vie intellectuelle et morale. Dans cet article il est tout à fait évident que
Picard se fait une très haute idée de la fonction sociale de l'art, "force
adjuvante du progrès humain" et "agent le plus efficace des transformations
sociales". A ses yeux, les ouvrages de Kropotkine et de Vallès éclairent
les événements qui se produisent autour de lui, et il incite les artistes
de son époque à suivre leur exemple.

La révolte se fait particulièrement sentir dans les articles publiés en
1889, ce qui, d'ailleurs, n'a rien d'étonnant: nulle part en Europe le
centenaire de la Révolution française ne passe inaperçu - le climat révolutionnaire sera même renforcé au début des années 90 par une vague d'atten-
tats anarchistes qui se propagent dans les nations européennes.[29] Dans
La Société Nouvelle, plusieurs articles, intitulés "1789-1889", apparaissant
sous la signature "La Révolte" annoncent avec emphase une nouvelle révolution. L'attitude de leur auteur vis-à-vis de la révolution ne permet pas
de doute: "Nous pouvons nous dire heureux de vivre dans ce siècle, à la
veille de cette révolution". Dans d'autres articles, la même atmosphère
d'attente et d'espoir se manifeste: on préconise une "explosion épouvantable
/.../ l'heure de justice viendra, elle approche. La NÉCESSITÉ la sonnera
bientôt".[30]

Le pressentiment d'une révolution, si marqué en Europe s'accentue en Belgique par les événements politiques à l'intérieur du pays. Les émeutes et les manifestations ouvrières ainsi que l'influence grandissante des socialistes constituent pour la bourgeoisie de graves sujets d'inquiétude. Cette crainte a pour résultat un procès, engagé contre des socialistes à Mons, en 1889, et c'est à ce propos que Ferdinand Brouez, socialiste et auteur de nombreux articles de La Société Nouvelle, analyse l'ordre social de son temps. Comme Picard, il attaque violemment le système capitaliste qui démoralise l'humanité. Ce qui caractérise l'époque, c'est "la misère morale, la misère physique à tous les degrés, absorbant tout et menant l'homme, la femme, la société entière à une vaste prostitution", et c'est la bourgeoisie opulente et privilégiée, dont la seule justice réside dans la parole "être le plus fort" qui a poussé la société vers une révolution, maintenant inévitable. La vie du bourgeois s'écoule paisiblement: ses seules préoccupations consistent à fréquenter le temple de la Bourse et à penser "au moyen le plus adroit de tromper honnêtement son semblable", mais cet ordre des choses ne durera pas:

> brusquement, au milieu de cette paix, un murmure s'élève. Ce n'est plus la plainte, la plainte séculaire qui monte en gémissements confus; c'est la sourde et bruissante clameur entendue dans le lointain des villes, les soirs d'émeute. Le bruit de la vague de révolte. L'immense armée des meurt-de-faim, las de privations et de misère, s'agite, poussée par un obscur besoin de justice. Et ce mouvement franchit les frontières. Partout éclate la parole de revendication. Les scènes du grand drame qui occupe la fin de notre siècle se précipitent. Le dénouement approche.[31]

Ce passage présente les aspects essentiels de la révolution prévue: évocation de la foule citadine menaçante, réclamant la justice, pressentiment d'un dénouement dramatique et incontrôlable, et sensation de vivre dans une atmosphère de fureur, dépassant les frontières nationales. En France, Paul Adam donne dans ses articles des Entretiens politiques et littéraires la même vision révolutionnaire.

Les collaborateurs de La Société Nouvelle n'arrêtent pas de dénoncer à leurs lecteurs l'origine de la misère sociale. Pour employer les termes de Jules Brouez, c'est la "féodalité financière", régime qui livre le prolétaire "aux horreurs de l'exploitation la plus effrénée qui ait jamais existé sur la terre" qui a provoqué la crise aigüe, ainsi que l'atmosphère de révolte menaçante qui y est intimement liée. Le sort qui attend les agriculteurs, ayant quitté leurs champs pour l'usine est toujours le même: dans la grande masse d'ouvriers concurrents, avides de travail, ils doivent

lutter, "pygmées qu'ils sont, contre des machines géantes, faisant de
l'ouvrier le serviteur minuscule de la force au service du capital."
Exténués par leur travail, ils dépensent ensuite leur maigre salaire dans
les cabarets qui sèment leur route.[32]

La discussion des conséquences de l'essor capitaliste dans le domaine
du travail est donc entamée en Belgique comme elle l'est dans d'autres pays
à cette époque. En Russie, Tolstoï, qui est souvent cité par les socialistes
belges, s'indigne de la corruption de la civilisation contemporaine, corruption selon lui causée par le travail industriel et par les usines, mais
aussi par les bordels, par les bazars et par les bars, institutions qui
ne servent qu'à démoraliser l'homme. En Angleterre, Morris s'intéresse inlassablement à la condition ouvrière, attaquant violemment la mécanisation
du travail. C'est dans son roman utopique News from Nowhere (1888) - ouvrage
rapidement diffusé dans les milieux de gauche européens - qu'il évoque
l'image idyllique d'une civilisation dominée par la beauté et par l'harmonie,
vision qui bannit entièrement les établissements industriels. S'accomplis-
sant dans son travail, l'homme utilise dans ce roman les moyens de production de l'époque pré-industrielle et le milieu qui l'entoure n'est pas
abîmé par les déchets de l'industrie: l'eau et le ciel sont d'une limpidité
parfaite.

Dans l'article, cité ci-dessus, Brouez touche à certains traits caractéristiques de la société hautement industrialisée: la division du travail
à l'intérieur de la nation, aussi bien que celle qui s'opère à l'intérieur
de l'usine. Les conséquences de la division du travail industriel et agricole se manifestent tôt en Belgique et elles sont minutieusement analysées
par Emile Vandervelde. Celui-ci montre comment, avant la mécanisation de
l'industrie linière, celle-ci se rattacha à l'agriculture, constituant ainsi
une occupation accessoire extrêmement importante pour les campagnards, qui
ne réussissaient pas à vivre de l'agriculture seule. Une fois l'industrie
textile concentrée dans les villes, l'exode rural commence. Mais la mécanisation du travail a aussi une autre conséquence, également négative: les
machines remplacent dans une large mesure les ouvriers, qui, par là, sont
réduits au chômage. En 1843, plus de 300 000 ouvriers sont employés dans
l'industrie linière; en 1880, ils ne sont que 35 000.[33]

Vandervelde ne se contente pas de dénoncer les conséquences de la division du travail dans la société capitaliste: pendant toute sa longue
carrière, il lutte activement contre l'effet abrutissant du travail industriel. En 1892, il fonde avec Picard La Section d'Art à La Maison du

Peuple de Bruxelles. Dans un but d'enseignement populaire, il fait appel aux artistes, littérateurs, peintres et musiciens du pays: Verhaeren compte parmi ceux qui organisent les activités de la Maison du Peuple. Le programme de ces activités est bien documenté dans l'ouvrage Le socialisme en Belgique (1898), écrit par Jules Destrée et par Emile Vandervelde, qui ne cessent d'y souligner l'utilité sociale de l'art: "Poursuivre des améliorations matérielles, c'est bien, mais c'est insuffisant. Notre marche en avant vers la société future exige des transformations morales et intellectuelles autant que des transformations économiques".[34] On n'est guère étonné de retrouver dans ce contexte de nombreuses références à l'oeuvre de Morris, d'ailleurs présentée par Vandervelde lui-même lors d'une séance à La Maison du Peuple. En travaillant à Bruxelles pour l'instruction des masses,[35] les socialistes s'inspirent également des activités culturelles, organisées par Morris dans les quartiers populaires de Londres.

Nous retrouvons donc en Belgique comme dans d'autres pays européens cette vague de solidarité et de responsabilité sociale qui caractérisent les années 80 et 90. En France, on s'intéresse également à l'oeuvre de Morris, de Whitman et des romanciers russes et on étudie avec grand intérêt Jean-Marie Guyau, sociologue qui est l'auteur des Problèmes de l'esthétique contemporaine (1884) et de L'Art au point de vue sociologique (1889), textes qui sont connus aussi dans les milieux intellectuels belges. C'est la nécessité d'un art social qui est le message essentiel des ouvrages de Guyau: "L'art doit se trouver mêlé à toute l'existence morale ou matérielle de l'humanité", dit-il,[36] idée que l'on embrasse avec enthousiasme à cette époque, si dominée par les revendications sociales.

Les organisateurs de l'instruction ouvrière en Belgique ne doivent pas attendre longtemps la collaboration des écrivains et des artistes du pays. Les enseignants ne sont pas priés de s'affilier au Parti Ouvrier, mais inscrits ou non au Parti, la plupart d'entre eux défendent la cause du peuple.

L'attitude qu'adopte Verhaeren envers les exigences ouvrières ressort nettement dans sa causerie sur Victor Hugo, où il commente ainsi les concepts "Liberté, Égalité, Fraternité":

> Soyons les fervents, les enflammés, les amants de ces trois idées exprimées par ces trois mots; qu'elles s'établissent dans leur entièreté et, autant que la variabilité humaine le permet, dans leur pureté; qu'il y ait non seulement bonne entente, mais dédain de notre individualité; l'homme compte si peu! Il n'y a que le mouvement d'ensemble qui vaille.[37]

La grande ville moderne: débat dans la Société Nouvelle

Les intellectuels qui sont conscients des transformations sociales de leur
temps s'intéressent tout particulièrement à certains phénomènes, liés à la
grande cité de l'époque, ce qui est d'ailleurs tout à fait naturel, puisque c'est dans la métropole que se manifestent le plus nettement les conséquences de la révolution industrielle: concentration des industries, accrois-
sement extrême de la population, construction des gares et des magasins,
organisation des grandes expositions mondiales - la ville est l'expression
la plus concrète de l'essor capitaliste. Au cours des années 80 et 90, on
critique violemment dans La Société Nouvelle cette cité qui est devenue une
grande foire, tout à fait dirigée par le capital et par les spéculateurs,
on s'indigne du changement du décor citadin - les immenses immeubles ont
remplacé les maisons basses, les magasins gigantesques les boutiques - et
on s'apitoie sur le sort des ouvriers, placés dans un milieu inhumain. Les
réflexions d'Eugène Demolder, écrivain et critique d'art, à propos de
l'Exposition de Paris de 1889, sont caractéristiques de cette attitude.
Celui-ci ne se laisse nullement impressionner par les quartiers symétriques, ni par les grands boulevards du Paris de son temps:

> La rue moderne est banale, fiévreuse, bruyante; au lieu des petites
> échoppes modestes /.../ ce sont les grands magasins et leurs annon-
> ces monstrueuses, leurs affiches effrontées comme des filles; les
> rues sont monotones et les maisons immenses, avec des étages qui
> menacent le ciel. De la tour Eiffel, voyez le Paris d'aujourd'hui,
> ses quartiers symétriques, ses habitations, toutes de même format,
> percées de fenêtres pareilles, couvertes d'identiques toitures en
> zinc/.../.
> Et, dans ce décor nouveau, le peuple aussi n'est plus le même.
> La vie, au lieu de se cloîtrer derrière les fenêtres et dans les
> boutiques, dégringole de tous les étages dans la rue. Plus d'arti-
> sans: des usines. Plus d'échoppes: des magasins tels que des
> palais, qui se ceignent le front, souverains du commerce, de grandes
> lettres de réclame. Et c'est aussi la Bourse, engrenage puissant
> de la cité - océan d'or et de spéculations.

Ce qui semble surtout frapper Demolder dans ce nouveau décor, ce sont les
grands magasins, couverts de leurs affiches provocantes. Les magasins
commencent d'ailleurs à jouer un rôle prépondérant dans la vie citadine
pendant cette période. A Paris, on ouvre en 1844 "Ville de France", d'autres
comme "Au Printemps" et "Les Galeries Lafayette" lui succéderont bientôt.
A Bruxelles, "Les Grands Magasins de la Bourse", ouverts en 1872, dominent
le Boulevard Anspach: une gravure de ce temps montre un bâtiment monumental,
orné de grandes vitrines. Pareils à des maisons d'opéra, les grands magasins

attirent avec leurs galeries, leurs sculptures et leurs façades lumineuses
les regards des flâneurs. Les affiches publicitaires qui semblent choquer
Demolder sont nombreuses à l'époque: la réclame occupera bientôt une place
prépondérante dans la vie commerciale de la cité moderne.

Selon Demolder, c'est la Bourse, "engrenage puissant de la cité" qui
empoisonne la vie citadine. Le prolétaire, marqué par "l'infamie noire" de
son usine, les bureaucrates, desséchés par "l'atmosphère avare" de leurs
bureaux, le bourgeois spéculateur, tous se trouvent constamment dans un
état de "hâte fébrile", s'exténuant "ainsi qu'en un cercle dantesque".[38)]

La puissance fatale du capital, transformant radicalement la vie urbaine,
n'échappe donc nullement aux journalistes de La Société Nouvelle. Certains
écrivains et artistes, admirés par Verhaeren, dénoncent les mêmes tares.

Verhaeren - critique d'art, critique littéraire

L'attitude critique vis-à-vis de la vie citadine de l'ère moderne est mar-
quante dans l'oeuvre de certains artistes, liés au cercle XX, qui fut
formé en 1884. Ce qui caractérise les "Vingtistes", c'est leur insurrection
contre l'académisme et leur intérêt pour les questions sociales: Constantin
Meunier, sculpteur, graveur et peintre, exprime constamment dans son oeuvre
un profond intérêt pour la condition ouvrière. L'on retrouve la même attitude chez Jan Toorop, peintre et leader des Vingtistes. Sa toile "Avant la
grève" de 1889 traduit particulièrement bien la pitié que lui inspire la
misère sociale de son temps: elle montre un couple ouvrier, misérable et
résigné, assis sur la côte d'une rivière livide. Le fond ne fait que
souligner l'impression de détresse, transmise par l'attitude du couple:
derrière lui, on voit le dos voûté et nu des ouvriers qui travaillent
fiévreusement, et à l'arrière-plan, les usines des faubourgs industriels
forment un décor déprimant avec leurs hautes cheminées qui vomissent une
fumée noire et malsaine.

Verhaeren s'intéresse vivement à la méthode et à l'oeuvre de Toorop:
surtout, il semble fasciné par le motif citadin dans ses peintures. Dans
son article "Londres", publié dans L'Art Moderne en 1885, Verhaeren montre
combien il est impressionné par les visions sombres et saisissantes de
cette ville, transmises par la peinture tooropienne: les voyages fréquents
qu'il a fait à Londres lui permettent de mêler dans son article ses impressions personnelles sur la capitale avec des commentaires concernant la

manière dont travaille le peintre. Suivant les traces de Toorop, qui s'inspire
de la "vision mouvante" de la "cité monstrueuse" où grouillent les misères
et les vices, il esquisse une image de Londres qui annonce sa trilogie
sociale. Avec le peintre, il note l'effet provocant de la réclame, il
distingue dans le port "la forêt de vergues et de cordages" et les sil-
houettes gigantesques des bâtiments qui s'alignent sur les quais, il dis-
cerne au loin l'architecture des grands magasins et il est tourmenté par
le grincement des grues et par les sifflets des trains. En traversant les
quartiers populeux de la capitale il est rebuté par le spectacle que lui
offrent les bars: attirés par les bouteilles et par les carafes étincelantes,
les hommes à la "voix avinée" et les "femmes en haillons, /.../ ravagées
par l'alcool" se consument irrémédiablement, et l'atmosphère même du cabaret
est chargée d'une agressivité qui explose dans des rixes véhémentes. La
nuit, les marchandages commencent dans les ruelles, envahies par "le flot
de la prostitution", phénomène typiquement citadin que Toorop et Verhaeren
ont tous les deux voulu évoquer dans leur oeuvre.[39]

En présentant la peinture de Toorop, Verhaeren saisit l'occasion de
communiquer au lecteur les impressions que la ville produit sur lui, procédé
qui est d'ailleurs bien fréquent dans ses articles. Les réactions que provoque chez lui la grande cité industrielle se manifestent également dans
un article de La Société Nouvelle, où il discute les tableaux de Ford Madox
Brown, peintre anglais qui, pour certaines de ses toiles, puise son inspiration dans la vie contemporaine. C'est pour se faire une idée de son oeuvre
que Verhaeren se rend en 1893 à Manchester qu'il décrit ainsi au début de
son article:

> La rue elle-même semble en marche, tellement la foule y est
> compacte, ardente et allante. Une migration de bêtes au fond
> de la mer le serait moins. Le mouvement anime des blocs d'êtres
> humains, aux mille bras, aux mille pieds. A travers, droite,
> une ligne de tramway. Et pas un cri. Seule une rumeur énorme,
> constante, que raient et cassent les chevaux avec leur bruit de
> fer sur le pavé montant. Les maisons? Noires, de haut en bas.
> L'intérieur d'une cheminée est d'une obscurité moins mate que
> tels portiques de monuments. De la suie tombe, au lieu de pluie.
> Et par-dessus, comme s'il brassait des résidus de fontes colossales,
> un ciel de métaux roux et verts.

Nous reconnaissons dans cette vision citadine l'activité fiévreuse dont
Demolder fut également frappé. On constate aussi que Verhaeren évoquera
dans sa trilogie sociale, et d'une façon presque identique, l'image de la
foule extrêmement agitée.[40] L'impression la plus forte que Manchester

produit sur lui est celle d'une laideur tout à fait déprimante: la fin de
son article ne fait que souligner les côtés rebutants qui'il a vus dans
cette ville, "la plus trépidante d'usines et de machines, la plus formidable-
ment triste et morne qui soit /.../ en Angleterre".

La toile qui attire surtout l'attention de Verhaeren est "Le Travail",
une des plus célèbres de Madox Brown. Avec ce tableau qui représente des
ouvriers, occupés à aménager une rue de Manchester, le peintre a réussi à
traduire, selon Verhaeren, l'animation et le fourmillement de travailleurs
et d'homme d'affaires, caractéristiques de cette ville. Il apprécie surtout
cette peinture pour la vie "essentiellement moderne" qu'elle communique.[41]

Avec ses articles sur les deux peintres, Verhaeren révèle la fascination
qu'exerce sur lui la grande ville moderne, ainsi que le dégoût que lui
inspirent la misère et la fébrilité de la vie citadine. Il est évident aussi
qu'il sympathise avec les artistes qui n'hésitent pas à montrer les côtés
négatifs de la société industrielle: les ouvrages littéraires, dénonçant
dans la société capitaliste les mêmes tares, le remplissent d'un aussi profond enthousiasme, ce qui montre   certains articles qu'il écrit à ce sujet.

On n'est pas étonné de voir que l'art romanesque de Zola produisit à
cette époque une forte impression sur Verhaeren. Dans un article, publié
dans La Nation en 1891, ce dernier esquisse à propos de son roman L'Argent,
paru la même année, l'évolution littéraire de l'écrivain français. "L'acteur
principal de tout le cycle des Rougon-Macquart, c'est somme toute Paris",
constate-t-il, en précisant que "l'idée que Zola se fait de Paris, c'est
l'idée qu'il se fait du monde civilisé". Paris pour Zola, ce n'est nullement la "ville-lumière" - au contraire, c'est la "ville-enfer". Inlassablement, Zola évoque dans ses romans l'image d'une cité qui "au lieu de lumière
(répand) une énorme ténèbre éclairée par les vices". Avec la vision citadine
de ces ouvrages, le romancier a selon Verhaeren réussi à brosser une vaste
fresque d'une société corrompue.[42]

Il est naturel qu'au cours des vingt dernières années du siècle, si
instables en Belgique, on s'intéresse aux romans de Zola: certains d'entre
eux figurent d'ailleurs sous forme de feuilleton dans les organes du peuple.
Dans le roman belge, des tendances sociales se manifestent nettement à
partir des années 80: les héros de Happe-Chair (1886) par le naturaliste
Lemonnier sont choisis dans la classe ouvrière, son conte L'enfant du
crapaud (1888) s'inspire des grèves récentes et décrit la rancune justifiée
du peuple opprimé, son roman La Fin des Bourgeois (1892) peint la décadence
d'une bourgeoisie corrompue. La Nouvelle Carthage (1888) par Eekhoud est

le roman d'une ville et de ses habitants: les bourgeois spéculateurs y
figurent à côté d'ouvriers d'usine, de bateliers et de pauvres. Verhaeren
lit attentivement ces deux derniers romans pour les présenter aux lecteurs
de L'Art Moderne et son attitude vis-à-vis de ces ouvrages, qui renferment
une critique mordante de la société capitaliste, nous renseigne sur la
vision sociale qui lui est propre. Plus explicite que dans son article sur
Zola, il s'exprime ici en des termes qui révèlent sa position politique.

La Fin des Bourgeois est, aux yeux de Verhaeren, une peinture véridique
de la société de son temps. C'est pour souligner les rapports entre l'oeuvre
et la réalité qu'il analyse, au début de l'article, la situation sociale de
l'époque et surtout celle de la Belgique.

> Les classes qui dirigent se sont endormies sur l'oreiller gonflé
> de richesse des spéculations, des agiotages, des sinécures, et,
> comme la goutte au pied des buveurs de vin de Bourgogne, la corrup-
> tion s'est attaquée aux membres d'une société composée non de "las
> d'aller", mais de "las de jouir", et une décadence physique et
> morale a fondu, comme un vautour de vengeance, sur la classe des
> repus.

Comme dans les articles sur la révolte, nous retrouvons, dans l'analyse que
Verhaeren fait de la société, la même foule enragée: "le peuple négligé
hurle, menaçant". Incapables d'interpréter ces présages, les bourgeois ne
s'inquiètent nullement: "On croirait voir des gens assemblées en une dernière
fête, dans une ville qu'on assiège et au-dessus de laquelle vole le feu des
premières bombes".

Aux yeux de Verhaeren, le roman donne un portrait vivant de cette bourgeoisie "qui a pour cervelle des liasses de banknotes et pour coeur un
lingot d'or". Avec son ouvrage, Lemonnier met à nu la corruption de l'ordre
social et surtout celle du système économique, qui se caractérise par "le
féodalisme de l'argent, l'omnipotence de la banque". Le romancier évoque
l'image d'une bourgeoisie qui est condamnée à succomber, victime de ses
propres spéculations. Avec son article sur ce roman, Verhaeren montre qu'il
attribue au bourgeois les mêmes vices que Lemonnier.[43]

Le deuxième roman présenté, La Nouvelle Carthage, "un des évangiles de
la pitié moderne", reflète comme La Fin des Bourgeois la société de l'époque.
Ce sont les souffrances de l'ère moderne qui sont mises en relief dans le
roman d'Eekhoud, et ces souffrances sont particulièrement aiguës dans la
grande ville. Aussi est-elle passée au premier plan de cet ouvrage:

le héros ou plutôt l'héroïne, c'est bien cette grande ville,
types de nos grands marchés, foires séculairement permanentes,
qui ont remplacé les anciennes foires temporaires et éloignées,
avec les grouillements, les croassements, les hurlements de
leurs compétitions, devenues perpétuelles et destructives de
toute paix. C'est la grande ville avec son impitoyable Bourse,
ses plaisirs, exacerbés comme ses travaux, ses politiques où
la force triomphe.[44]

La présentation de ces deux derniers romans complète d'une façon intéressante
celle que Verhaeren a fait des deux peintres Toorop et Madox Brown: elle
montre explicitement que ce ne sont pas seulement les aspects extérieurs -
choquants dans leur laideur - qui ont frappé le poète. Celui-ci évoque aussi
une vision du mécanisme de la ville capitaliste qui s'apparente nettement
à celle des socialistes. Dans la ville d'Eekhoud, il a trouvé des aspects
qu'il dénoncera lui-même dans sa trilogie sociale: règne absolu du capital,
symbolisé par la Bourse, frénésie destructive tant pour le travail que pour
le plaisir, fermentation de la vie politique - les bases mêmes de sa ville
tentaculaire se dessinent dans cette présentation du roman La Nouvelle
Carthage. A l'exception de l'article sur Madox Brown, la critique semble
ignorer ces textes, qui nous donnent pourtant des renseignements précieux
sur la genèse de l'oeuvre sociale verhaerenienne.

Verhaeren et l'art social

La sympathie qu'éprouve Verhaeren pour les artistes qui se penchent sur
les problèmes sociaux se manifeste dès le début des années 80. C'est en
présentant dans L'Art Moderne ,en 1885,une exposition de jeunes peintres
qu'il fait la remarque suivante:

> Presque tous, définitivement affranchis des liens académiques,
> attaquent, à pleine empoignade, la réalité des choses: et
> comprenant que l'art, pour être grand, doit être avant tout
> vrai et simple, ils ouvrent les yeux, regardent autour d'eux
> et trouvent dans la scène de la vie quotidienne, dans le labeur
> des ouvriers, dans le "secourez-moi" des pauvres, dans la grandeur
> farouche des déshérités, des va-nu-pieds, de tous les misérables,
> des inspirations d'autant plus émouvantes qu'elles nous touchent
> de près et qu'elles crient bien haut les vices de notre organisa-
> tion.[45]

Verhaeren ne se contente pas seulement de proclamer l'art social: dans ses
articles, il s'efforce aussi d'esquisser une méthode pour évoquer la réalité
contemporaine dans toute sa complexité. A ses yeux, il ne s'agit pas de

faire une accumulation documentaire, mais de transmettre les impressions
que cette réalité donne à l'artiste: dans une vraie oeuvre d'art, les syn-
thèses se dégagent toutes seules des impressions qui y sont communiquées.[46]

Sa conception de l'artiste est nettement apparentée à celle des poètes
romantiques: le poète est un visionnaire, capable de "comprendre d'instinct"
son époque.[47] En pénétrant ces mystères, il prépare des jours meilleurs -
il est le guide de l'humanité. Dans son ouvrage, Histoire de la poésie politique et sociale en France de 1815 à 1939 (1976), Pierre Flottes a montré
que des poètes comme Lamartine, Vigny et Hugo se donnent, eux aussi, cette
fonction: ils ne craignent pas les utopies et les audaces de pensées, si
leur oeuvre poétique peut servir à l'humanité.

Il est d'ailleurs intéressant de constater qu'en discutant le don "prophétique" de l'artiste, Verhaeren relève dans l'oeuvre balzacienne certains
aspects, signalés par la critique de nos jours.[48] Non seulement, Balzac a
prévu l'axe autour duquel tournera le monde, à savoir l'argent, qui est
"aujourd'hui /.../ au fond de toutes les consciences", constate Verhaeren,
"cinquante ans avant que celui-ci ne se soit affirmé, il a décrit, analysé
et synthétisé l'aventurier moderne: homme politique, homme du monde, homme
de bourse /.../. La société a donc été devinée bien plus que reflétée par
Balzac. Son oeuvre est prophétique", dit-il dans une conférence, donnée en
1898.[49] Dans sa trilogie sociale - surtout dans Les Aubes - Verhaeren
essayera d'exercer cette fonction de visionnaire qu'il attribue au vrai
artiste.

Verhaeren, a-t-il étudié Guyau? Dans la conférence, citée ci-dessus, il
mentionne le nom de Guyau, en plaçant ses ouvrages au même niveau théorique
que ceux de Schopenhauer et de Hegel, "dissertations /.../ incontestablement hautes et pénétrantes", qu'il préfère ne pas analyser.[50] On constate
que les affinités entre les idées, citées ci-dessus, et celles qui sont
exprimées par le sociologue français, sont frappantes. Selon ce dernier, le
poète visionnaire est mieux qualifié pour comprendre l'histoire que le
savant, c'est lui qui trouve, le premier, le mot de l'avenir, et qui formule des pensées qui seront plus tard connues par tous. Et il souligne
fortement l'importance de l'instinct créateur: le poète ne peut pas se
contenter d'enregistrer la réalité extérieure - "il doit suggérer, non enseigner".[51]

Malgré les ressemblances évidentes entre les idées de Guyau et celles
de Verhaeren, il est probable que ce ne sont pas en premier lieu les textes
théoriques du sociologue, qui ont inspiré l'idéal artistique du poète. Avec

ses réflections sur la fonction de l'art et de l'artiste, Verhaeren traduit les aspirations d'une époque plutôt que celles d'un théoricien isolé, théoricien dont les raisonnements lui semblent d'ailleurs assez abstraits. Bien des poètes symbolistes prouvent leur intérêt pour les questions sociales en collaborant - comme le fait Verhaeren - à des revues anarchistes comme La Révolte, Les Entretiens politiques et littéraires et L'Endehors, revues qui discutent les problèmes de la société contemporaine et qui prêchent la révolte. Individualistes, des écrivains comme Stéphane Mallarmé, René Ghil, Henri de Régnier et François Vielé-Griffin réagissent tous contre les forces normatives et l'ordre établi, non seulement dans le domaine esthétique, mais aussi dans le domaine politique. Remy de Gourmont caractérise ainsi l'engagement social qui domine les milieux littéraires à la fin du siècle:

> Il n'est pas un symboliste qui n'ait, au moins une fois, abandonné
> la page aux belles métaphores pour aller en quelque journal liber-
> taire, défendre, à côté d'ouvriers surexcités, les droits, non plus
> politiques, mais humains, non du citoyen, mais de l'homme. Nous
> fûmes tous anarchistes.[52]

Dans un article perspicace, intitulé "Progrès de l'esprit de révolte", publié d'abord dans La Société Nouvelle en 1892 et reproduit dans La Révolte en 1893, Francis Nautet, critique belge, analyse ainsi l'atmosphère qui règne dans les milieux littéraires et artistiques:

> N'est-il pas devenu visible, le lien qui rattache aujourd'hui
> entre elles toutes les productions, non seulement littéraires
> mais artistiques? Elles sont toutes signées par des révoltés,
> révoltés contre les formes arrêtées, contre la société dominante,
> contre le joug académique, contre la pureté classique, toujours
> admirée, mais acquise et partout dépourvue de vitalité comme
> une langue morte - l'insurrection se manifeste avec des caractères
> multiples et l'anarchie bat son plein. C'est le vieux monde avec
> son art fini, avec sa société pourrie que l'on sape de tous côtés
> afin de recréer une société nouvelle et un art nouveau. Parcourez
> un salon d'impressionnistes, feuilletez les dessins d'un Forain,
> lisez les vers de l'école mallarmiste et en général tous les
> romans modernes, partout vous surprendrez des cerveaux en train
> de travailler à une substitution radicale des choses passées par
> des choses naissantes.

Ainsi la révolte contre l'art traditionnel s'associe-t-elle facilement à une attitude critique vis-à-vis de l'ordre établi. "Une société nouvelle et un art nouveau" - voilà à quoi aspirent ces révoltés, dégoûtés par toutes les normes. Verhaeren donne son adhésion complète à ces exigences; son essai "La Marche des Idées" de 1894 le montre particulièrement bien.

A partir des années 1890, dit-il, la vie des artistes est changée. Ils vivent maintenant dans une atmosphère, dominée par les aspirations sociales, aspirations qui sont communes à tous les pays européens. "Une contagion heureuse se propage de pays à pays", constate-t-il, en faisant allusion à Tolstoï, "le plus haut des maîtres" qui abandonna ses privilèges pour vivre comme un pauvre, et à Meunier, dont l'art exprime "la misère, la révolte et la pitié". Dans ce milieu de fermentation extrême, il n'est plus convenable de former des écoles d'écrivains, des ligues aux intérêts étroits. Tous ceux qui s'engagent dans la lutte ont à travailler selon leur conception personnelle, sans trop discuter les moyens: l'essentiel, c'est qu'ils aient tous le même but, le même enthousiasme. Il va jusqu'à rejeter explicitement l'idée d'un art social, "asservi à des théories ou à des programmes". Le devoir de l'artiste, c'est de "s'exprimer tel qu'il est", et de transmettre aussi ardemment que possible ce qui est de la plus haute importance pour lui: si l'homme est la plus haute préoccupation du poète, son art sera humanitaire. Et il souligne que, même si un grand nombre d'artistes reflètent dans leur oeuvre les problèmes contemporains, cela n'implique pas nécessairement qu'ils se laissent ranger dans la même école artistique: il faut au contraire considérer leurs créations comme des expressions individuelles des idées nouvelles de leur temps.[53]

Comme bien des écrivains et des artistes de cette époque, Verhaeren défend donc énergiquement son individualité artistique. Les peintres néo-impressionnistes Georges Seurat et Paul Signac affichent la même attitude: aussi leurs toiles ensoleillées et idylliques ne révèlent-elles nullement leur sympathie pour les idées anarchistes.

Un artiste qui a réussi à sauvegarder son autonomie artistique, tout en se penchant sur les problèmes sociaux de son temps est Constantin Meunier. Dans un article publié dans L'Endehors comme dans plusieurs autres revues,[54] Verhaeren semble considérer cet artiste comme un modèle à cet égard. Sans être un "esprit à programme", celui-ci a réussi à concrétiser la situation ouvrière, et c'est là son grand mérite:

> Le travailleur /.../ n'est plus l'homme lointain et vague dont on parle à l'occasion de certaines catastrophes, il est entré dans la ville, il s'est campé dans des salons d'art, il a pris place dans les musées, il est venu des loins de l'horizon, pour s'affirmer réel, vivant, tragique et c'est bien quelqu'un /.../ avec lequel les comptes séculaires seront à régler, bientôt.[55]

L'attitude de Verhaeren vis-à-vis de la fonction de l'art est donc assez complexe: d'une part, il considère l'oeuvre artistique comme une arme utile

Constantin Meunier, "Mineur au travail"

à la lutte sociale, et cette lutte est celle des partis de gauche; d'autre part, il rejette les programmes. Guidé par son instinct, l'artiste a le privilège de choisir lui-même les phénomènes qu'il tient à évoquer dans son oeuvre. En dévoilant dans sa trilogie sociale les tares de la société de son temps, Verhaeren participe aux transformations sociales, mais il le fait à sa manière à lui: il n'obéit pas à un programme.

L'origine de l'image de la "ville tentaculaire"

Sans être l'esclave d'un programme politique, Verhaeren s'avère dans la trilogie sociale nettement influencé par le débat, mené dans les milieux socialistes de son temps. Il est bien probable qu'en créant son néologisme "ville tentaculaire", le poète s'inspira de la presse de gauche: les journalistes qui y attaquent la domination grandissante du capital se servent fréquemment de l'image de la pieuvre comme symbole de la ville capitaliste. La Société Nouvelle nous fournit plusieurs exemples de l'emploi de cette image dont le sens profond se manifeste particulièrement bien dans deux de ses articles. Voici ce que constate E. Pignon en 1885 à propos du rôle social des banques:

> On peut sans exagération affirmer que la plupart des crises qui ne sont véritablement que les périodes aiguës du malaise propre aux sociétés modernes, sont provoquées par les banques qui y trouvent des avantages /.../ pareilles à la pieuvre hideuse, elles étendent, sous forme de succursales leurs tentacules jusque dans les plus petites bourgeades.[56]

La même année, H.J. Bury se sert de la même métaphore dans son article "Du pain et des jeux", où il critique sévèrement le système capitaliste:

> où est le crédit, là est également l'acuité des souffrances. /.../ comme une immense pieuvre, il étend partout ses tentacules, saisit les peuples /.../ en suce la substance de développement et de vie.[57]

La puissance évocatrice du néologisme de la poésie verhaerenienne ressort d'une façon éloquente de l'emploi qu'en feront dans leurs ouvrages les économistes et les sociologues. Que l'image de la ville tentaculaire ait produit sur Vandervelde une forte impression est hors de doute, puisqu'il donne pour titre à sa conférence: Les Villes tentaculaires. Ainsi ce titre même est-il un témoignage concret de l'échange mutuel entre Verhaeren et les milieux de gauche: s'inspirant de l'idéologie et du vocabulaire des socialistes, le poëte crée une image vigoureuse dont les politiciens ne tardent pas à se servir.

Analyse de l'oeuvre sociale

L'analyse de l'oeuvre sociale de Verhaeren sera principalement concentrée sur certains aspects importants de la vision citadine, aspects qui révèlent l'intérêt sociologique et politique que présente la trilogie. L'attitude critique qu'adopte le poëte à l'égard de la société industrielle ne se manifeste pas seulement dans quelques poèmes isolés des Villes tentaculaires - c'est pour montrer à quel point elle est caractéristique du recueil dans son ensemble, que la plupart des poèmes qui critiquent la société capitaliste, seront examinés ici. La domination néfaste du capital est sévèrement critiquée dans "La Bourse", ainsi que dans "Une Statue" (Le Bourgeois). L'analyse de ces poèmes sera complétée par celui du "Banquier" des Forces tumultueuses, où le rôle du financier dans la société capitaliste est fustigé. La ville se présente sous la forme d'une foire gigantesque, faisant de l'homme même une marchandise dans "Le Bazar", dans "Le Port", dans "Les Promeneuses" et dans "L'Etal". Ces deux derniers poèmes, ainsi que "Le Spectacle" mettent à nu la corruption de la vie citadine, corruption qui contraste fortement avec les plaisirs innocents de la vie campagnarde. Les transformations survenues dans le domaine du travail sous l'ère capitaliste sont décrites dans "La Plaine": ce poème, comme "Les Usines" et "La Ville", met en relief la condition ouvrière.

Verhaeren n'est pas seulement rebuté par la grande cité: celle-ci repré-sente aussi pour lui le progrès, puisqu'elle rassemble des chercheurs assidus et des penseurs hardis. "L'Ame de la ville", "Les Idées" et "La Recherche" montrent une ville, centre de recherches et berceau d'idées avancées; "La Révolte" et Les Aubes révèlent également un aspect foncière-ment positif que Verhaeren voit dans la ville, à savoir la force révolu-tionnaire du peuple. Ainsi le drame esquisse-t-il une vision d'avenir qui est étroitement liée à l'idée de la ville révoltée.

La domination du capital: "La Bourse"

C'est dans La Société Nouvelle qu'est publiée en 1894 la première version
de "La Bourse", long poème qui brosse une peinture infernale du système
capitaliste, critiqué avec tant de ferveur dans les articles de la même
revue. Avec un dégoût profond y sont évoquées les opérations boursières:
il n'est pas étonnant que ce soit justement ce poème qui éveilla dans les
milieux socialistes français un vif intérêt pour la poésie verhaerenienne.
Dans sa "revue des revues" de la Revue Socialiste, P. Lagarde cite la même
année un long passage de "La Bourse", selon le journaliste "une description
de la Bourse qui est d'un grand artiste et d'un philosophe".[58]
    "La Bourse" se caractérise par une fébrilité extrême, entièrement dictée
par la convoitise des spéculateurs. Sous l'image d'un feu dévorant qui se
propage à travers la ville entière, se manifestent dans ce poème les conséquences désastreuses de la soif de l'or, dominant le citadin et faisant de
lui un monstre sans scrupules. La Bourse, symbole même du régime capitaliste,
est la génératrice de cette fièvre qui embrase l'esprit. L'extérieur du
bâtiment, esquissé dans les deux premiers vers, produit une impression de
puissance inébranlable et menaçante. Les indications horaires de la première
partie du poème servent à souligner l'attente angoissée qui précèdent les
opérations boursières, "quotidienne bataille" au centre de la ville. Les
ténèbres dans lesquelles se dresse la Bourse indiquent une heure matinale:

    Comme un torse de pierre et de métal debout
    Le monument de l'or dans les ténèbres bout.

    Dès que morte est la nuit et que revit le jour,
    L'immense et rouge carrefour
    D'où s'exalte sa quotidienne bataille
    Tressaille.

    Des banques s'ouvrent tôt et leurs guichets,
    Où l'or se pèse au trébuchet,
    Voient affluer - voiles légères - par flottes,
    Les traites et les banque-notes.
    Une fureur monte et s'en dégage,
    Gagne la rue et s'y propage,
    Venant chauffer, de seuil en seuil,
    Dans la ville, la peur, la folie ou l'orgueil.

Ce dernier vers qui peint l'influence désastreuse du capital sur l'esprit
humain, annonce le message essentiel du poème. La longue strophe suivante
constitue une vision terrifiante de la puissance néfaste de l'or qui éveille
chez les hommes les instincts les plus bas. A midi, heure magique pour les

La nouvelle Bourse de Bruxelles en 1874

spéculateurs, la Bourse ouvre ses portes aux hommes, asservis à la passion
de l'or:

> Le monument de l'or attend que midi tinte
> Pour réveiller l'ardeur dont sa vie est étreinte.
>
> Tant de rêves, tels des feux roux
> Entremêlent leur flamme et leurs remous
> Du haut en bas du palais fou!
> Le gain coupable et monstrueux
> S'y resserre commes des noeuds.
> On croit y voir une âpre fièvre
> Voler, de front en front, de lèvre en lèvre,
> Et s'ameuter et éclater
> Et crépiter sur les palliers(sic)
> Et les marches des escaliers.
> Une fureur réenflammée
> Au mirage du moindre espoir
> Monte soudain de l'entonnoir
> De bruit et de fumée,
> Où l'on se bat, à coups de vol, en bas.
> Langues sèches, regards aigus, gestes inverses,
> Et cervelles, qu'en tourbillons les millions traversent
> Echangent là leur peur et leur terreur.

La fureur de l'or - fièvre contagieuse, se propageant dans les rues de la
ville - est au coeur même de la Bourse transformée en un feu explosif,
dévorant tout homme qui entre dans le bâtiment; le rythme accéléré des vers
cités ci-dessus renforce efficacement la puissance dévastatrice de cette
passion ardente, chargée de folie et de culpabilité. Aux yeux de Verhaeren,
celui qui aspire au gain "coupable et monstrueux" est lui-même coupable:
c'est sous une image bien éloquente qu'il évoque l'aspect bestial des spéculateurs dont la langue sèche et les regards aigus traduisent à la fois
angoisse et agressivité.

Une profonde hypocrisie domine le monde de la spéculation:

> Aux fins de mois, quand les débâcles se décident,
> La mort les paraphe de suicides
> Et les chutes s'effritent en ruines
> Qui s'illuminent
> En obsèques exaltatives.
> Mais le jour même, aux heures blêmes,
> Les volontés, dans la fièvre, revivent;
> L'acharnement sournois
> Reprend, comme autrefois.
> On se trahit, on se sourit et l'on se mord
> Et l'on travaille à d'autres morts.
> La haine ronfle, ainsi qu'une machine,
> Autour de ceux qu'elle assassine.
> On vole, avec autorité, les gens
> Dont les coffres sont indigents.

> On mêle avec l'honneur l'escroquerie,
> Pour amorcer jusqu'aux patries
> Et ameuter vers l'or torride et infamant
> L'universel affolement.

L'échec de l'agioteur, parfois victime de ses manoeuvres financières trop hardies, est consciencieusement caché sous des funérailles pompeuses. Mais la bataille ne tardera pas à recommencer: inlassablement, les hommes d'affaires continuent à se tromper entre eux, dominé par une haine si fervente qu'elle est audible. Ce n'est pas seulement le monde des affaires qui est imprégné d'hypocrisie et de criminalité: les activités liées à la Bourse empoisonnent irrémédiablement la société entière faisant des victimes même parmi les innocents. Verhaeren esquisse ici l'image d'une société profondément corrompue, dirigée par des hommes malhonnêtes qui n'hésitent pas à sanctionner la tromperie.

Non seulement la ville mais le globe entier subissent donc l'influence du capital. L'homme moderne a fait de l'or son nouveau dieu, constamment exalté: dans ses rêves, les piles d'or prennent l'aspect de tours gigantesques qui se dressent vers le ciel, tentation irrésistible pour l'homme assoiffé d'argent. Le poème culmine dans l'exclamation suivante:

> Oh l'or, là-bas, comme des tours dans les nuages,
> L'or étalé sur l'étagère des mirages,
> Avec des millions de bras tendus vers lui,
> Et des gestes et des appels, la nuit,
> Et la prière unanime qui gronde,
> De l'un à l'autre bout des horizons du monde!

La dernière strophe, renouant avec les premiers vers du poème, souligne fortement le rôle que Verhaeren attribue à la Bourse. Monument qui domine la vie citadine au début du poème, elle est dans ses derniers vers devenue la force motrice des activités du monde entier, image qui ne fait que mettre en relief la puissance implacable que voit le poète dans le capital:

> Comme un torse de pierre et de métal debout,
> Qui cèle en son mystère et son ardeur profonde
> Le coeur battant et haletant du monde,
> Le monument de l'or dans les ténèbres bout.

Certains critiques ont vu dans "La Bourse" l'expression de l'enthousiasme qu'inspire au poète la puissance illimitée du capital.[59] Dans la vision dantesque des activités boursières il est pourtant difficile de ne pas voir un mépris prononcé, non seulement pour le capitalisme, mais aussi pour le spéculateur: avec "La Bourse", Verhaeren critique implicitement le bourgeois

hypocrite qui, avec ses richesses, est dangereux pour la société. On constate d'ailleurs que dans la première édition des Villes tentaculaires,
l'attaque de la bourgeoisie est plus prononcée dans ce poème: c'est avec une
satisfaction et une ironie mal cachées que Verhaeren évoque l'échec des
"bourgeois", ici explicitement dénoncés:

> Et les faillites en tempêtes,
> Soudainement, à coups brutaux,
> Battent et chavirent les têtes
> Des grands bourgeois monumentaux.

Si l'on compare la première édition à celle définitive du Mercure de France,
il s'avère que les changements effectués dans le texte original ne constituent
pas un phénomène isolé. Certains vers, chargés d'une tendance politique
prononcée, et certaines images qui traduisent nettement l'engagement politique du poète ont été modifiés dans la version définitive des Villes tentaculaires. Ces modifications sont bien conformes à l'évolution idéologique
de Verhaeren, car même s'il sympathise pendant toute sa vie avec les socialistes, c'est à l'époque où il compose sa trilogie sociale qu'il est le plus
critique vis-à-vis de la société capitaliste.

"Une Statue"

Ce n'est pas seulement "La Bourse" qui révèle le mépris que le bourgeois
inspire au poète: un des quatre poèmes des Villes tentaculaires, intitulés
"Une Statue", et consacrés aux hommes qui ont influencé le sort de la ville,
montre un bourgeois, autoritaire et cruel, arrivé à une haute position
sociale à l'aide de ses richesses. Son extérieur même a un aspect caricatural
qui fait penser aux dessins d'Honoré Daumier:

> Ventre riche, mâchoire ardente et menton lourd;
> Haine et terreur murant son gros front lourd
> Et poing taillé pour fendre en deux toutes attaques.

Le bourgeois évoqué dans ce poème est un homme imperturbable, étouffant
efficacement les revendications - "les terribles fanfares" - du peuple. Sans
respect pour les valeurs humaines, il "obstrue" la vie même, et il n'est pas
seulement cynique. Comme les spéculateurs de "La Bourse", il est criminel:

                    Il se sentait la force étroite et qui déprime,
                    Tantôt sournois, tantôt cruel et contempteur,
                    Et quand il se dressait de toute sa hauteur
                    Il n'arrivait jamais qu'à la hauteur d'un crime.

La constatation laconique des premiers vers - "Un bloc de marbre où son nom
luit sur une plaque" - ainsi que la vision symbolique des derniers - "Et
défendant encor, d'un geste hyperbolique/son piédestal massif comme son
coffre-fort" - montrent qu'aux yeux de Verhaeren, le bourgeois ne doit son
nom et sa position sociale qu'à ses richesses. Ce sont elles seules qui font
de lui un des maîtres de la société, véritable tyran qui domine roi et
peuple.

   "Une Statue" présente des ressemblances remarquables avec un autre poème,
intitulé "Mammon", selon Verhaeren lui-même, inspiré par une peinture de
George Frederick Watts, et publié dans "La Revue des Revues" en 1896. La
physionomie du Mammon, évoquée dans ce poème, produit la même impression de
menace et d'imperturbabilité que le bourgeois, et la tyrannie cruelle qu'ils
exercent sur l'humanité est la même:

                    Avec la peur et les larmes comme témoins
                    De son crime si vieux que le monde l'exalte
                    L'homme funèbre et lourd, tel un bloc de basalte,
                    S'isole - et tient posés sur un tas d'or ses poings.

La peinture de Watts "impose toute la force de l'or brutal, toute la tyrannie
des 'pounds' et des 'dollars', tout le vice massif et majestueux" - voilà
comment Verhaeren résume dans un article ses impressions de "Mammon".[60]
Il est tentant de voir dans cette peinture la source d'inspiration, non
seulement du poème "Mammon", mais aussi d'"Une Statue". Quoiqu'il en soit,
il est évident que pour Verhaeren, le bourgeois de son temps est identique
au démon des richesses.

"Le Banquier"

Un homme cynique et avare, jouissant d'un pouvoir illimité - telle est
l'image du bourgeois qui se dessine dans la trilogie verhaerenienne. Dans
son ouvrage The Age of capital 1848-1875 (1975), E.J. Hobsbawm analyse le
rôle que jouent les bourgeois dans la révolution industrielle, voyant en
eux les maîtres incontestables de la société capitaliste. Il constate que
c'est à partir de l'an 1848 que le pouvoir passe aux mains des banquiers et

des industriels:leurs richesses leur fournissent une position politico-
sociale tout à fait nouvelle, faisant d'eux la nouvelle aristocratie.[61]
Et surtout, l'ère industrielle favorise les spéculations et les investisse-
ments hardis, puisque dans le système économique qui la caractérise, ce
sont les richesses qui décident du succès et de la gloire des hommes: dans
le monde des affaires, c'est la guerre.

L'atmosphère d'instabilité et d'angoisse qui domine ces milieux n'échappe
pas aux écrivains de l'époque. Dans "Le Banquier" des Forces tumultueuses,
Verhaeren trace un portrait vivant de cet homme d'affaires, entreprenant et
influent, qui, à l'aide de ses richesses, tend à transformer le globe. "Le
Banquier" est placé dans une suite de poèmes, intitulée "Les Maîtres", et
il esquisse d'une manière terrifiante le rôle du banquier sous le régime
capitaliste.

Assis à son bureau, le banquier élabore des combinaisons audacieuses,
destinées à grossir son capital; spéculateur, il dirige et il finance des
expéditions dans les pays lointains, expéditions qu'il facilite en dévelop-
pant le réseau ferroviaire:

> Et les gares qu'il édifie et les rails rouges
> Qu'en ses forges l'on tord et qu'il destine au loin
> A des pays d'ébène et d'ambre et de benjoin,
> A des déserts, où seul encor le soleil bouge.

Possesseur des mines et des banques, il a réussi à corrompre les politiciens:
"les sénats sont ses garants". Il n'hésiterait même pas à "briser les lois
futiles" des pays, si cela servait à son but. C'est lui qui est désormais le
maître du monde entier:

> Quand il griffonne, à menus traits, sur son registre
> Il lie à son vouloir bourgeois le sort sinistre
> Et domine le monde, où corne l'effroi blanc.

Comme le font "La Bourse" et "Une Statue", ce poème met donc l'accent sur
la criminalité inhérente au système capitaliste, ainsi que sur la profonde
angoisse que ce système provoque. Comme une sonnerie funeste et perçante,
la terreur de l'or se répand partout dans le monde.

Le banquier, qui ignore le montant de ses richesses, éprouve une "joie âpre
et profonde" à posséder "le bloc même du monde": sa tyrannie se fait sentir,
non seulement dans "les villes de la folie", mais aussi dans les hameaux
"calmes et doux". Les contrées les plus éloignées sont ravagées par des
spéculations, dont le banquier est le seul à profiter:

Sa force roule en torrent fou
Et bouillonne et bondit et puis entraîne
- Feuilles, rameaux, cailloux et graines -
Les fortunes, les épargnes et les avoirs
Et jusqu'aux moindres sous que recomptent, le soir,
A la lueur de leur lanterne,
Les gens de ferme.

Le fatalisme et la résignation dominent les victimes du banquier. Bien que conscients de la corruption du monde des affaires, citadins et ruraux ne résistent pas à l'attrait qu'exercent sur eux les spéculations hasardeuses:

Et les foules le méprisent, mais sont à lui.
Tous le craignent: l'or le grandit.
/.../
S'il les trompe, qu'importe.
Chacun revient vers lui après avoir quitté sa porte.

Même s'il semble en général plus positif envers les différentes manifestations de la vie citadine dans Les Forces tumultueuses que dans la trilogie sociale, c'est avec une répugnance manifeste que Verhaeren peint dans ce recueil le banquier, dont la puissance fatale paralyse ville et campagne. Le ton critique du "Banquier" signale que ce poème a été conçu plusieurs années avant la publication des Forces tumultueuses - et c'est pour cette raison qu'il a été analysé dans ce chapitre et non pas dans le chapitre suivant. Pour certains des poèmes des Forces tumultueuses, on peut facilement fixer la date de conception. Le poème révolutionnaire qui commence "Vets-toi de sang, Vénus, voici quatre-vingt-treize" en est un exemple. Il fait partie de la suite de poèmes dénommée "L'Amour", insérée dans ce recueil. Ce poème figure dans Le Coq Rouge dès 1896, sous le titre "Veneris Ressurrectiones" (sic).

A notre connaissance, "Le Banquier" n'a paru dans aucune revue avant d'être publié dans Les Forces tumultueuses. Avec l'indignation sociale qu'il respire, "Le Banquier" montre pourtant beaucoup plus d'affinités avec les poèmes des Villes tentaculaires qu'avec la dernière partie de cette oeuvre. Très probablement, il a été conçu à l'époque où le poète est préoccupé par l'évolution capitaliste de la Belgique. C'est vers la fin du XIXe siècle que les banquiers et les industriels du pays commencent à développer leurs entreprises à l'étranger et dans les colonies africaines: c'est une période qui se caractérise, selon le sociologue belge B. - S. Chlepner, par la "création d'affaires peu sérieuses" et par le "développement de l'esprit spéculatif". Au cours de ces années, "il est inévitable", constate-t-il,

"que des abus se produisent, que des spéculateurs professionnels, des finan-
ciers à moralité plus ou moins douteuse, provoquent des ravages dans
l'épargne".[62] Avec ses poèmes "La Bourse", "Une Statue" et "Le Banquier",
Verhaeren critique sévèrement cette évolution.

La marchandise-fétiche: "Le Bazar"; "Le Port"

L'expansion des marchés, expression si caractéristique de l'essor capitaliste
au XIXe siècle, imprégnera d'une façon frappante la vie et l'architecture
de la grande ville, qui est devenue le centre du commerce de luxe. Dans son
étude "Paris, capitale du XIXe siècle", Benjamin discute la place prépondérante qu'occupent dans le milieu citadin les passages en fer, construits
pour abriter des magasins de luxe, et il montre combien cette nouvelle
attraction influence les habitudes des citadins. En l'honneur de la marchandise, on construit pour les expositions mondiales des palais gigantesques
et on érige des bazars qui dominent des quartiers entiers. Dans cette évolution explosive de la vie commerciale, la réclame joue un rôle de plus en
plus important, couvrant les murs de promesses trompeuses qui invitent le
citadin à dépenser son argent.

L'oeuvre verhaerenienne nous offre plusieurs exemples de ce culte, voué
à la marchandise: "Des lettres d'enseigne couchées ou droites alignent de
la lumière, et l'or prodigieux et multiple, accroché à chaque étage, semble
du soleil découpé en réclames et en mensonges" - voilà une remarque, tirée
de la pièce en prose "Les Villes" qui montre que la réclame n'a nullement
échappé à Verhaeren.[63] Dans la première version de "La Bourse", le commerce de luxe est brièvement évoqué dans l'image des "luxes gros (qui) se
jalousent et s'exterminent". C'est pourtant "Le Bazar" qui met le plus
puissamment en relief le fétichisme auquel s'adonnent les citadins, avides
du luxe.

Comme dans "La Bourse", Verhaeren esquisse d'abord succinctement l'extérieur du bâtiment, le parant des caractéristiques du magasin de cette
époque: c'est un bazar gigantesque, pourvu de balcons et de sous-sols, où
tout est arrangé de façon à attirer l'attention du passant. Les étalages
constamment renouvelés et la réclame provocante incitent les citadins à
entrer dans le temple du commerce:

Le Magasin au Bon Marché de Paris, construit en 1876

C'est un bazar, au bout des faubourgs rouges:
Etalages, toujours montants, toujours accrus.
Tumulte et cris jetés, gestes vifs et bourrus
Et lettres d'or qui soudain bougent,
En torsades, sur la façade.

C'est un bazar, avec des murs géants
Et des balcons et des sous-sols béants
Et des tympans montés sur des corniches
Et des drapeaux et des affiches
Où deux clowns noirs plument un ange.

Les réflexions qu'inspire à Verhaeren le spectacle du grand magasin
rappellent en plusieurs points celles de Demolder.[64] Tous les deux semblent
rebutés par l'aspect démesuré des magasins, et surtout, ils paraissent
choqués par la vulgarité de la réclame.[65] Verhaeren, tout comme son contemporain, fait allusion à ces affiches publicitaires qui, selon Max Gallo,
sont un témoignage direct du changement de moeurs, caractéristique de ces
décennies. Dans son ouvrage richement illustré, I Manifesti (1972), ce
dernier montre comment les femmes provocantes qui figurent sur ces affiches,
invitant les clients à consommer telle boisson ou à fumer telle marque de
cigarettes, trahissent une attitude sociale qui accorde peu de place à la
religion et aux bonnes moeurs. Plus hardies dans leur habillement comme
dans leurs habitudes, les femmes commencent à fréquenter les cafés et les
salons, et c'est l'image de cette femme transformée que nous rencontrons sur
les affiches: dans son roman Au bonheur des dames (1883) Emile Zola en
évoque également l'effet un peu choquant.[66]

Dans "Le Bazar", l'image des deux clowns, dont la cocasserie irrespectu-
euse contraste avec la pureté de l'ange, indique clairement le caractère
sacrilège de la réclame. C'est une image qui est bien à sa place dans un
poème qui transmet la vision d'une société où les valeurs les plus sacrées
de l'humanité sont transformées en marchandises et exposées à la profanation totale: dans "Le Bazar", la noblesse des valeurs anciennes contraste
fortement avec la vulgarité blasphématoire des temps modernes:

On y étale à certains jours,
En de vaines et frivoles boutiques,
Ce que l'humanité des temps antiques
Croyait divinement être l'amour.

La convoitise presque bestiale de la foule citadine est rendue par une
image bien éloquente dans ce poème: pareille à une troupe d'animaux sauvages,
elle envahit le bâtiment, et sa soif du luxe, toujours grandissante, est
efficacement mise en relief par le mouvement vertical, évoqué dans les

derniers vers du passage suivant:

> La foule et ses flots noirs
> S'y bousculent près des comptoirs:
> La foule - oh ses désirs multipliés,
> Par centaines et par milliers! -
> Y tourne, y monte, au long des escaliers,
> Et s'érige folle et sauvage,
> En spirale, vers les étages.

à la hâte et dans un but purement égoïste, on examine les nouvelles inventions de la technique, profanant ainsi la science même. C'est le profit
et la soif du luxe qui dictent entièrement l'intérêt que l'on porte à la
recherche, brutalement exploitée, et ce sacrilège s'exprime d'une façon
bien concrète par la confrontation entre les chercheurs aux idéaux élevés
et les profiteurs rusés:

> Tous les chercheurs qui se fixent pour cible
> Le front d'airain de l'impossible
> Et le cassent, pour que les découvertes
> S'en échappent, ailes ouvertes,
> Sont là, gauches, fiévreux, distraits,
> Dupes des gens qui les renient
> Mais utilisent leur génie,
> Et font argent de leurs secrets.

Comme le fait Balzac dans ses romans, Verhaeren met donc dans ses poèmes
l'accent sur la puissance corruptrice de la soif du profit. Tandis que dans
les romans balzaciens l'argent corrompt artiste, poète et chercheur, qui
s'abaissent tous dans leur recherche fiévreuse de l'or,[67] le chercheur de
la poésie verhaerenienne n'est pas contaminé par la convoitise. Comme nous
l'avons vu, il ne se prostitue pas: il est exploité presque à son insu.
Maladroit dans le monde des affaires, il scrute les lois de la science dans
le but de créer un monde meilleur, mais non pour s'enrichir.

Il est difficile de voir, comme l'a fait Zweig, quelque chose de séduisant
dans cette vision terrifiante du commerce de l'époque.[68] Aussi les derniers
vers du poème ne font-ils que souligner la fureur et la vulgarité du temple
de la marchandise-fétiche. Comme un monstre qui menace le ciel de ses
flammes et de ses ronflements, le bazar anéantit la paix des espaces:

> C'est un bazar tout en décors,
> Avec des tours, avec des rampes de lumières:
> C'est un bazar bâti si haut que dans la nuit,
> Il apparaît la bête et de flamme et de bruit
> Qui monte épouvanter le silence stellaire.

La suprématie de la marchandise dans la vie citadine se manifeste également - mais d'une façon plus implicite - dans "Le Port". La ville tentaculaire résonne de trains immenses et rapides, transportant hommes et produits, et son port fait d'elle "le réservoir des richesses uniques": les "steamers noirs" rapportent constamment des contrées les plus éloignées les marchandises exotiques, tant désirées par les citadins. Ce poème esquisse l'image d'un port, bouillonnant d'activités dont la force motrice est la convoitise démesurée des hommes. Dans le port s'amassent toutes les inventions nouvelles en quantités "dont le désir prévoit la somme"; dans le port comme dans le bazar, le fétichisme exige des proies:

> Dites! les docks bondés jusques au faîte
> Et la montagne, et le désert, et les forêts,
> Et leurs siècles captés comme en des rets;
> Dites! leurs blocs d'éternité: marbres et bois,
> Que l'on achète,
> Et que l'on vend au poids;
> Et puis dites! les morts, les morts, les morts
> Qu'il a fallu pour ces conquêtes.

L'amour profané: "Les Promeneuses"; "L'Etal"

Comme le font Zola et Dostoïevsky dans leurs romans et Henri de Toulouse-Lautrec dans sa peinture, Verhaeren revient plusieurs fois dans sa poésie à ce phénomène typiquement urbain qu'est la prostitution. "La Dame en noir" des Flambeaux Noirs traduit efficacement la tentation irrésistible que représente pour les citadins la prostituée; dans "Les Promeneuses" des Villes tentaculaires, Verhaeren évoque de nouveau ces "femmes en deuil de leur âme" qui vendent leur corps comme une marchandise. Par son atmosphère, chargée de tristesse et de résignation, ce poème se distingue des deux autres du même recueil, évoquant le même phénomène, à savoir "L'Etal" et "Le Spectacle", poèmes qui traduisent la profanation de l'amour dans des images brutales. Comme dans "La Dame en noir", le sort des prostituées est dans "Les Promeneuses" intimement lié à l'idée de deuil et de mort, et par la mélancolie que ce poème respire, il est apparenté au "Crépuscule du Soir" de Baudelaire: aussi la première version des "Promeneuses" figure-t-elle dès 1891 dans "La Jeune Belgique" sous le titre de "Celles des Soirs". La différence la plus frappante entre les deux poèmes réside dans l'indication de lieu: tandis que "Celles des Soirs" place les prostituées dans "ces Londres broyés de soir", le poème des Villes tentaculaires les situe

dans les "promenoirs de fer" - centre de commerce de n'importe quelle ville
- insistant ainsi sur le caractère commercial de cet amour, transformé en
marchandise. L'apparence même des prostituées - leurs robes funèbres -
soulignent leur douleur: condamnées à vivre comme des ombres silencieuses,
toujours à la disposition de leurs clients, c'est leur âme perdue qu'elles
pleurent:

> Des houx rouges de leur tourment
> D'autres ont fait leurs diadèmes;
> J'en vois: des veuves d'elles-mêmes
> Qui se pleurent, comme un amant.

C'est une brutalité beaucoup plus prononcée qui caractérise l'image de la
prostitution dans un poème comme "L'Etal". Implicite dans "Les Promeneuses",
le cynisme de l'amour vendu est ici fortement mis en relief à l'aide d'images
parfois crues: le titre même du poème indique la bestialité de ce commerce
où les femmes ont cessé d'être individus pour être "blocs de viande tassée
et lasse", offerts aux acheteurs.

La prostitution existe depuis des éternités dans le quartier "fauve et
noir" du port - un leitmotiv du poème le souligne:

> C'est l'étal flasque et monstrueux de la luxure
> Dressé, depuis toujours, sur les frontières
> De la cité et de la mer.

En même temps, le quartier populaire est bien intégré dans la grande ville
capitaliste de l'ère moderne. Exploité dans sa besogne journalière, le
citadin y cherche fiévreusement un moyen d'évasion:

> Et ceux d'ici, ceux des bureaux et des bazars,
> Chiffreurs têtus, marchands précis, scribes hagards
> Fronts assouplis, cerveaux loués et mains vendues,
> Quand les clefs de la caisse au mur sont appendues,
> Sentent le même rut mordre leurs corps, tels soirs
> On les entend descendre en troupeaux noirs,
> Comme des chiens chassés, du fond du crépuscule.

Dans la ville tentaculaire, le bureaucrate n'échappe donc pas, lui non plus,
à l'exploitation: son cerveau est "loué" et ses mains sont "vendues". La
nuit, il se venge sur sa destinée: guidé par ses instincts, il achète une
femelle pour assouvir ses désirs. Dans le monde impudent du quartier de
plaisir, c'est l'argent qui décide des sensations:

> D'après l'argent qui tinte dans les poches,
> La promesse s'échange ou le reproche;
> Un cynisme tranquille, une ardeur lasse
> Préside à la tendresse ou bien à la menace.

Dans l'univers citadin verhaerenien de cette période, l'acte sexuel est
entièrement dénué d'amour. Le poème "La ville", écrit à la même époque que
la trilogie sociale et publié en 1895 dans "Le Coq rouge", insiste également
sur la bestialité de la vie sexuelle en montrant des hommes et des femmes
qui s'accouplent, mécaniques et pareils à des animaux: "Hommes, femmes,
pauvres d'amour, riches de peine/Perpétuant, monotones, la race humaine".

La débauche citadine: "Le Spectacle"

A l'époque où Verhaeren compose sa trilogie, les scènes se déroulant dans
des lieux de plaisir se multiplient dans la littérature ainsi que dans la
peinture.Selon Paul Signac "la représentation synthétique des plaisirs de
la décadence: bals, chahuts, cirques" constitue pour l'artiste un moyen de
mettre en relief "l'avilissement de (cette) époque de transition" qui est
la sienne, et, ainsi, de participer à la lutte sociale.[69] Verhaeren emploie
la même méthode - pourtant, dans sa poésie, le dégoût des plaisirs de l'ère
moderne est beaucoup plus explicite que dans l'art des néo-impressionnistes.
La ville qui se dessine dans sa trilogie sociale est une ville profondément
vicieuse et ses distractions malsaines contrastent fortement avec les
plaisirs innocents de la campagne. Dans "Le Spectacle", poème où la débauche
citadine est dépeinte en images extrêmement crues, ce contraste est nettement
souligné. L'atmosphère du hall de spectacle est chargée d'obscénité et de
désirs, et comme dans "L'Etal", c'est la folie et la grossièreté qui caractérisent les désirs de la foule, dont la lasciveté se manifeste ouvertement
par des acclamations tumultueuses et déchaînées:

> Une clownesse, la jambe au clair,
> Raidit l'obscénité dans l'air:
> Une autre encor, les yeux noyés et les flancs fous,
> Se crispe, ainsi qu'une bête qu'on foule,
> Et la rampe l'éclaire et bout par en-dessous,
> Et toute la luxure de la foule
> Se soulève soudain et l'acclame, debout.

D'une manière bien expressive, les membres grotesquement tordus des
danseueses soulignent l'aspect profanateur de ce spectacle, dépourvu de

toute joie. Par des moyens artificiels, l'homme recherche frénétiquement des moments d'ivresse qui lui permettent de s'évader de sa triste existence. Offensant la nature même, il se grise du spectacle illusoire qui corrompt ses actrices:

> O le blasphème en or criard, qui, là, se vocifère!
> O la brûlure à cru sur la beauté de la matière!
> O les atroces simulacres
> De l'art blessé à mort que l'on massacre!
> O le plaisir qui chante et qui trépigne
> Dans la laideur tordue en tons et lignes;
> O le plaisir humain au rebours de la joie,
> Alcool pour les regards, alcool pour les pensées,
> O le pauvre plaisir qui exige des proies
> Et mord des fleurs qui ont le goût de ses nausées!

Dans deux strophes du poème, Verhaeren précise d'une manière frappante la différence qu'il voit entre le citadin corrompu de l'ère capitaliste et le campagnard du temps passé. La vie paisible du passé respire ici une pureté et une harmonie qui s'opposent fortement à la débauche citadine du temps moderne. Vivant en harmonie avec la nature, l'homme ne ressentait pas le besoin d'échapper à la réalité: aujourd'hui, son innocence et sa placidité sont remplacées par la perversion et par la débauche:

> Jadis, il marchait nu, héroïque et placide,
> Les mains fraîches, le front lucide,
> Le vent et le soleil dansaient dans ses cheveux;
> Toute la vie harmonique et divine
> Se réchauffait dans sa poitrine;
> /.../
> Mais aujourd'hui, sénile et débauché,
> Il lèche et mord et mange son péché;
> Il cultive, dans un jardin d'anomalies.
> Bibles, codes, textes, règles, qu'il multiplie
> Pour les nier et les flétrir par des viols.
> Et ses amours sont l'or. /.../

Dans sa trilogie sociale, Verhaeren ne cesse donc pas de dénoncer la corruption, l'hypocrisie et la criminalité dont la vie citadine est imprégnée: il est profondément rebuté par un système qui fait de l'être humain une marchandise, et il voit dans le culte, voué à l'or, l'origine des vices qui caractérisent la grande ville moderne.

La société industrielle et la condition ouvrière

Ce n'est pas seulement dans le domaine éthique que se manifeste dans la
poésie de Verhaeren cette opposition si marquée entre ville et campagne.
La naissance de la grande ville industrielle amena des changements extrêmement sensibles dans le domaine du travail, évolution dont nous trouvons
maint écho dans la trilogie sociale. Le contraste entre le labeur paisible
de la campagne de jadis et le travail épuisant de la vaste cité de l'époque
capitaliste témoigne d'une façon éloquente de la répugnance qu'inspire au
poète la révolution industrielle. Cette importante réaction contre la victoire du machinisme n'a rien d'étonnant: dès son apparition, l'industrialisme
a provoqué de fortes protestations de la part des écrivains. Rousseau est
l'un des premiers à critiquer sévèrement l'industrie qui envahit la campagne,
exploitant avec ses machines les hommes et les champs.[70] Dans son ouvrage
Man and Work. Literature and culture in industrial society (1976), David
Meakin analyse les expressions de cette attitude critique vis-à-vis de
l'ère industrielle chez des auteurs comme Rousseau, Thomas Carlyle, John
Ruskin et Morris.

Selon l'idéologie marxiste, l'opposition fondamentale entre la ville et
la campagne est intimement liée à la division du travail à l'intérieur de
la société, division qui entraîne la séparation du travail industriel et
commercial d'un côté, et du travail agricole de l'autre. Bien des conflits
de la société industrielle sont provoqués par cette organisation du travail,
et c'est dans la grande ville que ces problèmes sont particulièrement graves.
Dans son ouvrage La pensée marxiste et la ville (1972), Henri Lefebvre
constate à propos des "Manuscrits de 1844" de Karl Marx que "c'est au sein
de la cité, dans et par la vie citadine, face à la nature, à la vie paysanne,
à la campagne déjà modelée par le travail agricole que s'engage et se
déroule un conflit aux immenses conséquences".[71]

C'est justement ce conflit que Verhaeren ne cesse d'évoquer dans sa
trilogie sociale. "Tous les chemins vont vers la ville" - ainsi commence
"La Ville", le premier poème des Campagnes hallucinées, - vers qui annonce
le noyau de la trilogie: l'attraction irrésistible qu'exerce sur la campagne
misérable la ville-pieuvre et les conséquences problématiques qui en
découlent. Comme une hallucination, la ville tentaculaire se dresse gigantesque et remplie de fumées, résonnant d'un vacarme infernal qui gagne
la plaine lointaine et déserte. Tentation trompeuse, elle attire vers elle
les campagnards, condamnés à y périr:

Eugène Laermans, "Les Émigrants"

Elle surgit: désir, splendeur, hantise;
Sa clarté se projette en lueurs jusqu'aux cieux,
Son gaz myriadaire en buissons d'or s'attise,
Ses rails sont des chemins audacieux
Vers le bonheur fallacieux
Que la fortune et la force accompagnent;
Ses murs se dessinent pareils à une armée
Et ce qui vient d'elle encor de brume et de fumée
Arrive en appels clairs vers les campagnes.

C'est la ville tentaculaire,
La pieuvre ardente et l'ossuaire
Et la carcasse solennelle.

"La Plaine", poème initial des Villes tentaculaires reprend le même thème
en montrant une campagne, étranglée par les tentacules de la grande cité:
"La Plaine" est morne et morte - et la ville la mange", phénomène entièrement dû aux machines et à l'industrie. Ici encore, l'époque moderne, symbolisée par les machines, comporte des tendances offensives et criminelles,
qui s'opposent fortement au labeur presque sacré de jadis:

Formidables et criminels,
Les bras des machines diaboliques,
Fauchant les blés évangéliques,
Ont effrayé le vieux semeur mélancolique
Dont le geste semblait d'accord avec le ciel.

La répugnance qu'inspire à Verhaeren la victoire du machinisme, s'exprime
d'une manière bien concrète dans les vers qui évoquent la campagne harmo-
nieuse de jadis, peinture qui contraste fortement avec le décor déprimant des
usines de l'ère industriel:

Et maintenant, où s'étageaient les maisons claires
Et les vergers et les arbres parsemés d'or,
On aperçoit, à l'infini, du sud au nord,
La noire immensité des usines rectangulaires.

La sombre vision de l'industrie moderne, qui vomit sa "fange velue" dans
la rivière, et qui se caractérise par un labeur qui "bout comme un forfait"
est renforcée de vers en vers pour culminer dans la longue strophe centrale,
véritable tableau dantesque du travail industriel:

Sous des hangars tonnants et lourds,
Les nuits, les jours,
Sans air, ni sans sommeil
Des gens peinent loin du soleil
Morceaux de vie en l'énorme engrenage

Morceaux de chair fixée, ingénieusement,
Pièce par pièce, étage par étage
De l'un à l'autre bout du vaste tournoiement.
Leurs yeux sont devenus les yeux de la machine:
Leur corps entier: front, col, torse, épaules, échine
Se plie aux jeux réglés du fer et de l'acier:
Leurs mains et leurs dix doigts courent sur des claviers
Où cent fuseaux de fil tournent et se dévident:
Et mains promptes et doigt rapides
S'usent si fort
Dans leur effort
Sur la matière carnassière,
Qu'ils y laissent, à tout moment,
Des empreintes de rage et des gouttes de sang.

Il est évident qu'il ne faut pas voir dans cette image terrifiante de l'époque industrielle une expression de la fascination qu'exercerait sur le poète la civilisation moderne: les vers cités ci-dessus constituent un net témoignage de l'attitude critique qu'adopte Verhaeren à l'égard de la société industrielle. L'ouvrier qui se dessine dans "La Plaine" est un homme condamné à un véritable travail de Sisyphe: jour et nuit, le labeur bruyant se poursuit dans l'usine, où les ouvriers cessent d'être hommes: ils ne sont que des automates, des "morceaux de vie", insérés comme des roues dans un système mécanique et inhumain, sur lequel ils n'ont aucune influence. La machine inexorable commande tout mouvement, tout membre de leur corps: l'initiative et le rythme naturel des ouvriers sont anéantis par le machinisme. L'activité fiévreuse que les machines imposent à leurs esclaves s'exprime par les verbes ("courent", "tournent"), par les adjectifs ("promptes", rapides"), ainsi que par le rythme accéléré de la strophe, effets qui ne font que souligner le message du poème: l'ouvrier n'est plus le maître de ce qu'il produit - il est la victime de l'industrie qui suce son sang.

C'est avec une nostalgie bien prononcée que, dans les strophes suivantes, Verhaeren nous peint la vie de l'ère pré-industrielle:

Dites! l'ancien labeur pacifique dans l'Août
Des seigles mûrs et des avoines rousses,
Avec le bras au clair, le front debout.
/.../
Dites! le repos tiède et les midis élus,
Tressant de l'ombre pour les siestes,
Sous les branches, dont les vents prestes
Rythment avec lenteur, les grands gestes feuillus.
Dites, la plaine entière ainsi qu'un jardin gras,
Toute folle d'oiseaux éparpillés dans la lumière.

A la place du travail tumultueux et mécanique de l'époque industrielle,
nous trouvons le labeur pacifique qui obéit au rythme naturel des heures
et des saisons, au lieu du ronflement des machines, c'est le bruissement
des feuilles et la chanson des oiseaux qui accompagnent les activités humaines.
Cette image idyllique de la campagne de jadis souligne efficacement
l'horreur du travail mécanique de l'ère moderne: autant le bonheur de la
société pré-industrielle est saisissant, autant la détresse des temps
modernes est marquée.

La vision nettement nostalgique de l'existence campagnarde du temps
passé est un phénomène assez fréquent à cette époque: nous la retrouvons
par exemple chez les anarchistes qui, rebutés par l'oppression du prolétariat
urbain, furent amenés à détester la vie industrielle et à glorifier
l'existence saine et paisible des champs. Le "Temps d'harmonie" de Signac,
tableau idyllique dont la scène champêtre traduit à la fois le regret du
temps passé et la vision d'avenir du peintre en donne un exemple.

C'est une atmosphère de mélancolie et d'abandon qui domine la fin de
"La Plaine". Les métairies ne sont que des squelettes dans la plaine morte,
dont le calme est rompu par les trains bruyants, "coupant soudain les
villages en deux". "La Plaine" montre l'influence néfaste qu'exerce
l'industrialisme sur la campagne et sur le travail champêtre. Avec "Les
Usines", Verhaeren va dépeindre les transformations de l'image citadine,
amenées par l'industrialisation.

"Les Usines"

"Qui donc va nous raconter les mystères de l'usine, ces demi-fauves, ces
parias, ces machines humaines dont les courroies de transmission sont les
muscles, dont l'arbre de couche est la colonne vertébrale et qui meuvent
leurs bras en guise de pistons?" Voilà la question que se pose en 1878
Camille Lemonnier, fortement impressionné par "La fonte de l'acier" de
Constantin Meunier. Son texte révèle que, parmi les peintres Meunier est
selon lui le mieux qualifié pour remplir cette tâche importante.[72) Dans
son Happe-Chair Lemonnier a fait du milieu industriel le centre du roman.
Parmi les poètes, Verhaeren s'est donné la même tâche - certains passages
de "La Plaine" le montrent bien - et "Les Usines" constituent une vaste
fresque de l'industrie infernale, qui fait de l'homme une machine.

Le poème commence par un tableau faubourien, tout à fait dominé par

l'uniformité déprimante des usines, tableau qui décrit certains des phénomènes les plus caractéristiques de l'industrie moderne, la pollution et le
bruit:

> Se regardant avec les yeux cassés de leurs fenêtres
> Et se mirant dans l'eau de poix et de salpêtre
> D'un canal droit, marquant sa barre à l'infini
> Face à face, le long des quais d'ombre et de nuit,
> Par à travers les faubourgs lourds
> Et la misère en pleurs de ces faubourgs,
> Ronflent terriblement usines et fabriques.

L'animation des usines qui "se regardent" et "ronflent" sert efficacement
à souligner leur influence dominatrice sur la vie citadine, domination
entièrement négative pour les faubouriens, puisque leur existence se déroule
dans "la misère en pleurs". C'est dans une laideur tout à fait repoussante
que les ouvriers sont obligés de vivre: la monotonie du paysage faubourien
est fortement mise en relief par les termes mathématiques, employés pour
caractériser les établissements industriels, "rectangles de granits", pourvus
de fenêtres "symétriques". C'est dans les quartiers "rouillés de pluie" et
couverts "de plâtres blancs et de scories" qu'errent les misérables, si
pauvres qu'ils sont vêtus de "guenilles".

Dans son ouvrage, The Culture of Cities (1938), Lewis Mumford, sociologue
américain, confirme en tous points l'image du paysage faubourien, évoqué par
Verhaeren dans "Les Usines". Ce qui caractérise, selon lui, la société
industrielle du XIXe siècle, ce sont les transformations radicales du
milieu citadin, transformations dans une large mesure dues à la domination
des usines, qui occupent les meilleurs terrains, souvent situés près de
l'eau: les canaux et les fleuves sont des égouts pratiques pour les déchets
industriels - peu importe si ces courants d'eau sont irrémédiablement
pollués.[73] La laideur déprimante des quartiers industriels est accentuée
par les fumées que vomissent incessamment les cheminées, noircissant les
façades, mais plus exaspérant même que la saleté est le bruit auquel
l'ouvrier n'échappe jamais, puisque le quartier qu'il habite est construit
dans la proximité immédiate de l'usine. Jour et nuit, il est poursuivi par
le vacarme des machines à vapeur, des sifflets de l'usine et du martèlement
sur les enclumes. Même après avoir quitté l'usine, son travail accompli,
il est donc sous le joug de l'industrie.[74] Dans la ville tentaculaire le
bruit est si intense "Que les mourants cherchent en vain le moment de
silence/Qu'il faut aux yeux pour se fermer"[75]: le poème "Les Usines" ne
... e de souligner que c'est l'industrie qui est l'origine de ce vacarme
... rdissant.

Gustave Doré, "Londres" 1872

Verhaeren ne se contente pas seulement d'évoquer ce triste milieu: il montre aussi comment le faubourien misérable cherche à s'en évader. C'est par un effet de contraste frappant que se dessinent ici les estaminets, refuge irrésistible des ouvriers:

> Aux carrefours, porte ouverte, les bars:
> Etains, cuivres, miroirs hagards,
> Dressoirs d'ébène et flacons fols
> D'où luit l'alcool
> Et sa lueur vers les trottoirs.
> Et des pintes qui tout à coup rayonnent,
> Sur le comptoir, en pyramides de couronnes:
> Et des gens soûls, debout,
> Dont les larges langues lappent, sans phrases,
> Les ales d'or et le whisky, couleur topaze.

Vaincus par la tristesse de leur milieu, les hommes ne résistent plus à l'attrait qu'exerce sur eux le bar, luisant de bouteilles tentatrices et de miroirs trompeurs. Le moyen d'évasion, représenté par l'alcool, n'a rien de libérateur dans ce poème: cherchant à égayer son esprit, le citadin n'arrive qu'à l'abrutir quand, frénétique et taciturne, il se joint aux buveurs du bar. D'autres poèmes montrent également que Verhaeren a été frappé par la consommation démesurée de l'alcool, qui se manifeste particulièrement dans les grandes cités: dans "La Ville" des Campagnes Hallucinées, il constate en caractérisant l'existence citadine que "La vie, avec des flots d'alcool est fermentée".

L'abus de l'alcool, l'une des caractéristiques de la misère sociale, provoque un vif débat à cette époque. Vandervelde publie plusieurs ouvrages où il traite de l'alcoolisme, de son origine et de ses conséquences: son étude L'alcoolisme et le socialisme (1906) montre qu'il voit dans l'alcool une des tentations les plus dangereuses offerte à l'ouvrier, qui est poussé à en abuser en raison de son milieu lamentable et de son travail épuisant.

C'est justement sur ce milieu lamentable qu'insiste Verhaeren dans "Les Usines": à travers le poème entier, les effets auditifs renforcent l'image d'un univers citadin profondément irritant pour ceux qui sont condamnés à y vivre. Les citadins traînent leur vie dans un bruit incessant et toujours grandissant. "Les haletants battements sourds" des fabriques accompagnent toute activité, en attisant l'agressivité qui s'empare du faubourg, "Les haines s'entrecroisant de gens à gens/ Et de ménages à ménages".[76]

Avec ses machines, qui sont pareilles à des dragons, dont les mâchoires "mordent et fument", l'usine est la responsable de cet état de choses. A l'intérieur du bâtiment règne la fièvre et la folie.

Dans l'univers industriel, l'homme est subordonné aux machines, et la parfaite précision du travail n'a guère de visage humain. Verhaeren évoque ici l'image d'un ouvrier, transformé en robot, et privé de la possibilité de communiquer avec son voisin:

> Automatiques et minutieux,
> Des ouvriers silencieux
> Règlent le mouvement d'universel tictacquement
> Qui fermente de fièvre et de folie
> Et déchiquette, avec ses dents d'entêtement,
> La parole humaine abolie.

Le bruit exaspérant culmine soudain dans une explosion d'effets auditifs: palpable comme un bloc, le vacarme grandissant se dresse vers le ciel pour s'effondrer dramatiquement, laissant un court répit aux ouvriers tourmentés. Mais le silence n'est que passager: les "sifflets crus/.../ hurlent soudain", recommençant leur torture incessante. Car dans cette ville, entourée de fumées si denses que le "soleil hagard/comme un aveugle, erre par leurs brouillards", les activités bruyantes et fébriles ne s'arrêtent qu'à la fin de la semaine, et le moment de répit n'est pas long:

> Seul, quand au bout de la semaine, au soir,
> La nuit se laisse en ténèbres choir
> L'âpre effort s'interrompt, mais demeure en arrêt,
> Comme un marteau sur une enclume,
> Et l'ombre, au loin, parmi les carrefours, paraît
> De la brume d'or qui s'allume.

C'est ce court moment qui permet aux hommes de respirer et de vivre: les distractions citadines les attendent aux carrefours, aussi différentes de leur labeur journalier que la brume d'or est différente des fumées fuligineuses qui flottent autour des usines.

En composant des poèmes comme "La Plaine" et "Les Usines", Verhaeren, a-t-il été influencé, par la sévère critique de la division du travail que formulent les socialistes à cette époque? Avec Marx, on condamne une organisation du travail, consistant à attribuer à chaque ouvrier une tâche bien spécialisée, qui ne lui permet pas de développer ses facultés créatives et de prendre ainsi du plaisir à son travail. Réduit à l'état d'automate, il est souvent plus facile à remplacer qu'une machine: il n'est qu'une marchandise aux mains des capitalistes industriels. Privé d'un travail qui fait appel à sa capacité professionnelle, il cherche une compensation éphémère en satisfaisant à ses instincts primitifs: manger, boire et procréer.

Il est tentant de voir dans l'image de l'ouvrier, exécutant un travail

monotone et cherchant fiévreusement des moyens d'évasion, un écho des dis-
cussions menées dans les milieux de gauche de l'époque. Avec "La Plaine"
et "Les Usines", Verhaeren montre qu'il est bien conscient de l'organisation du travail industriel, et de ses conséquences qu'il rejette.

La misère de la foule - "La Ville"

Tandis que "Les Usines" donnent une image détaillée des facteurs du milieu
industriel qui sont particulièrement nuisibles à l'homme, "La Ville" insiste sur la misère urbaine en évoquant la lutte désespérée que la foule est
obligée de mener contre l'heure. C'est dans la rue que la hâte fiévreuse
des citadins se remarque le plus nettement:

> La rue - et ses remous comme des câbles
> Noués autour des monuments -
> Fuit et revient en longs enlacements;
> Et ses foules inextricables
> Les mains folles, les pas fiévreux,
> La haine aux yeux,
> Happent des dents le temps qui les devance.
> A l'aube, au soir, la nuit,
> Dans la hâte, le tumulte, le bruit,
> Elles jettent vers le hasard l'âpre semence
> De leur labeur que l'heure emporte.
> Et les comptoirs mornes et noirs
> Et les bureaux louches et faux
> Et les banques battent des portes
> Aux coups de vent de la démence.

L'animation de la rue crée une impression de fébrilité extrême. La foule
agitée est constamment tourmentée par sa lutte avec le temps: pareils à des
chiens qui happent des morceaux de viande, les citadins cherchent frénétiquement à rattraper les minutes qui s'enfuient, lutte qu'ils sont condamnés à
perdre, car le temps a toujours le dessus, anéantissant le fruit même de
leur labeur. Ce qui frappe dans cette peinture vivante, c'est l'anonymat de
la foule. On n'y distingue pas d'individus, il n'y a que des ombres, dont
l'agitation nerveuse s'exprime par la précipitation de leurs bras et de
leurs gestes, ainsi que par leurs regards haineux. C'est la même nervosité
et le même anonymat qui dominent la foule citadine dans "L'Âme de la ville"
des Villes tentaculaires: l'image de la foule qui se dessine dans les deux
poèmes - surtout dans "La Ville" - présente des ressemblances frappantes
avec la vision citadine que Verhaeren peint dans son article sur Manchester.[77]
Il est probable d'ailleurs que ce sont les grandes villes industrielles

Gustave Doré, "Londres" 1872

anglaises qui ont servi de source d'inspiration à plusieurs fresques citadines verhaereniennes.

La foule est un des motifs les plus fréquents dans la vision citadine de
l'oeuvre de Verhaeren. "O ces foules, ces foules/ Et la misère et la détresse
qui les foulent" - voilà le leitmotiv des "Cathédrales", poème des Villes
tentaculaires qui évoque la consolation que cherchent dans la religion "les
travailleurs cassés de peine" et "les pauvres gens des blafardes ruelles".
Mais ce n'est pas toujours la détresse et la résignation qui caractérisent
la cohue citadine: dans les poèmes qui évoquent la révolte, le peuple tracassé s'insurge contre les injustices, ainsi transformé en une puissance
dangereuse et dynamique, capable de renverser la société.

Dans une étude, Benjamin a montré que la foule est un sujet que l'on
retrouve souvent dans la littérature de la ville.[78] Certains vers du poème
"Londres" de Barbier donnent d'ailleurs une image de la masse urbaine qui
est nettement apparentée à celle de la poésie verhaerenienne:

> Enfin, dans un amas de choses, sombre, immense,
> Un peuple noir, vivant et mourant en silence.
> Des êtres par milliers, suivant l'instinct fatal,
> Et courant après l'or par le bien et par le mal.[79]

Misère et soif de l'or - la foule est aussi malheureuse chez Barbier que
chez Verhaeren. Pour ce qui est de la poésie baudelairienne, Benjamin fait
remarquer que l'on y trouve peu de descriptions explicites du peuple citadin, et pourtant, il y est toujours présent. Malgré son anonymat, la cohue
citadine a chez Verhaeren un caractère beaucoup plus concret. Dans ses
poèmes, la foule n'est pas seulement devinée: elle s'impose d'une façon
presque brutale, et c'est par là qu'elle se distingue de la cohue
baudelairienne.

Chez Victor Hugo, la foule a un tout autre caractère que chez Baudelaire:
un titre comme Les Misérables indique à la fois son importance et sa fonction dans son oeuvre romanesque. Dans la poésie hugolienne, la vision d'un
peuple menaçant est liée à l'idée de révolte comme elle l'est chez Verhaeren.
Les vers suivants des Châtiments illustrent cette parenté:

> Mais tu t'éveilleras bientôt, pâle et terrible,
> Peuple, et tu deviendras superbe tout à coup.
> De cet empire abject, bourbier, cloaque, égout,
> Tu sortiras splendide, et ton aile profonde
> En secouant la fange éblouira le monde![80]

Ce qui rend la foule citadine particulièrement intéressante chez Verhaeren,
c'est qu'il a réussi, en l'évoquant, à montrer les répercussions immédiates
de l'organisation du travail industriel, répercussions qui sont extrêmement
sensibles pour l'ouvrier: victime d'un horaire rigoureux et placé dans un
milieu foncièrement malsain, il est amené à haïr son prochain et à chercher
une evasion à cette existence intolérable. En examinant le rôle de la
foule dans l'univers citadin verhaerenien, E. Küchler se contente de constater
que le peuple qui s'y manifeste est une multitude d'hommes anonymes, munis
des plus bas instincts,[81] analyse qui n'est pas suffisamment exhaustive:
la foule dans la poésie de Verhaeren est un ensemble d'hommes tourmentés,
dont la misère est l'expression directe du système inhumain qui caractérise
la société hautement industrialisée. Dans son ouvrage Die Lage der arbeitende
Klasse in England (1845) Friedrich Engels critiqua justement le rythme
accéléré et mécanique de l'industrie de l'époque, et il vit dans la foule
citadine un témoignage manifeste de la maladie de la société industrielle:

> Quand on a circulé sur le pavé des rues principales, quand on
> s'est frayé /.../ un chemin à travers la cohue humaine /.../
> on commence à s'apercevoir que les Londoniens ont dû sacrifier
> la meilleure part de leur condition d'hommes pour accomplir
> toutes les merveilles de civilisation dont fourmille leur ville.
> /.../ Déjà la cohue des rues a quelque chose de rebutant, quel-
> que chose contre quoi la nature humaine s'insurge. /.../ Cette
> brutale indifférence, cet isolement impitoyable de chaque indi-
> vidu sur ses intérêts particuliers produisent un effet d'autant
> plus rebutant, d'autant plus blessant, qu'un plus grand nombre
> de ces individus se pressent ensemble sur un petit espace. Cet
> égoïsme borné /..:/ le principe fondamental de notre société
> /.../ ne s'étale nulle part aussi impudemment que dans la foule
> de la grande ville.[82]

En visitant les villes industrielles, Verhaeren a dans une large mesure
été frappé par les mêmes phénomènes qu'Engels: ses articles ainsi que ses
poèmes sociaux le montrent bien.

Ville tentaculaire - ville lumineuse

Critiques inlassables de la société capitaliste, les socialistes découvrent
néanmoins dans la grande ville industrielle certains aspects qui leur
inspirent confiance. Dans sa conférence Les Villes tentaculaires, Vandervelde ne critique pas seulement le côté néfaste de la cité capitaliste:
il souligne aussi, qu'à ses yeux, cette même ville présente des traits

extrêmement positifs:

> Je vous ai montré, jusqu'à présent, l'action meurtrière des villes /.../ Mais ce serait une injustice profonde de ne montrer que les ombres sans les côtés lumineux de cette évolution. Les villes ne sont pas seulement des lieux de souffrance et de misère: ce sont aussi les centres vers lesquels convergent les meilleures activités, les plus puissants esprits, les plus fécondes énergies, /.../ les villes tentaculaires /.../ présentent cet avantage énorme de concentrer en même temps toutes les forces révolutionnaires, qui généraliseront le bien-être, et qui établiront l'égalité sociale.[83]

Dans certains des poèmes des <u>Villes tentaculaires</u>, Verhaeren peint, lui aussi, les "côtés lumineux" de la ville-pieuvre: "L'Ame de la Ville", "Les Idées", "La Recherche" et, surtout, "Vers le futur" insistent sur "les puissants esprits" que la ville engendre; "La Révolte" évoque la vision d'une ville en pleine fermentation révolutionnaire, climat selon Vandervelde propice à la naissance d'une société meilleure. Si chargée de pessimisme que soit la vision citadine de la trilogie, ces poèmes révèlent que Verhaeren, tout comme le socialiste, voit dans la ville le centre des progrès scientifiques et politiques. C'est ainsi que le chercheur assidu et le tribun, leader du peuple révolté, sont des surhommes élus, destinés à délivrer la ville de l'oppression. Dans "L'Ame de la Ville", esquissant l'historique de la grande cité, ce sont ces surhommes progressifs et révolutionnaires qui annoncent une nouvelle ère, pleine d'espoir:

> Tocsins brassant, le soir des rages inconnues:
> Flambeaux de délivrance et de salut, debout
> Dans l'atmosphère énorme où la révolte bout
> Livres dont les pages, soudain intelligibles,
> Brûlent de vérité, comme jadis les Bibles:
> Hommes divins et clairs, tels des monuments d'or
> D'où les événements sortent armés et forts.

Le monde d'aujourd'hui est "têtu, tragique et blême", mais cette situation ne durera pas à tout jamais: la ville attend son sauveur qui transformera le monde:

> Et qu'importent les maux et les heures démentes
> Et les cuves de vice où la cité fermente
> Si quelque jour, du fond des brouillards et des voiles
> Surgit un nouveau Christ, en lumière sculpté.

L'image d'un Christ sauveur est fréquente dans la littérature de la fin du XIXe siècle, époque dominée par l'attente d'un cataclysme total. Comme l'a montré Hans Hinterhäuser, des écrivains comme Gerhart Hauptmann et Arno Holz regardentJésus comme le premier socialiste, libérateur des déshérités de la terre.[84] Les anarchistes, de leur côté, saluent le Christ comme l'anarchiste type: sa doctrine égalitaire, ébranlant l'ordre établi, traduit l'idéal qu'ils embrassent, eux aussi. Dans la peinture se manifeste la même image: "L'Entrée du Christ" par James Ensor révèle que, pendant cette période problématique, ce personnage biblique est devenu symbole de libération. Dans son ouvrage James Ensor (1908), Verhaeren commente ainsi le rôle que joue le Christ dans cette peinture:

> Le sujet /.../ peut certes déplaire. On y voit l'homme-Dieu mêlé grotesquement à nos pauvres, féroces et actuelles querelles. Il assiste au défilé mouvant et tumultuaire des revendications politiques et sociales, comme un banal élu - bourgmestre, échevin, député - un jour de manifestation déchaînée. Il voit passer les fanfares doctrinaires, les charcutiers de Jérusalem et des banderoles se déroulent et inscrivent en leurs plis "Vive la Sociale et vive Anseele et Jésus".[85]

Dans la poésie verhaerenienne, la vision du Christ traduit la foi du poète dans le surhomme et dans l'avenir, foi qu'il partage avec bien de ses contemporains. C'est justement cette confiance en l'avenir qui caractérise les poèmes optimistes des Villes tentaculaires.

C'est dans "Les Idées" que l'avenir est explicitement exalté pour la première fois chez Verhaeren: dans ce poème, la foi en l'avenir constitue un palliatif efficace pour les hommes, tourmentés par les malheurs du présent:

> Oh! l'avenir montré tel qu'un pays de flammes
> Comme il est beau devant les âmes
> Qui, malgré l'heure, ont confiance en leur vouloir.

"La Recherche", qui évoque les progrès scientifiques, exprime le même optimisme. Les premiers vers du poème évoquent la vision d'une "maison de science", à la fois moderne, avec ses laboratoires et ses téléscopes, et séculaire, puisqu'on y trouve aussi des sphinx, monstres de l'antiquité:

> Chambres et pavillons, tours et laboratoires,
> Avec, sur leurs frises, les sphinx évocatoires
> Et vers le ciel braqués, les téléscopes d'or.

Comme dans "La Bourse" et dans "Le Bazar", l'extérieur même du bâtiment a une valeur symbolique: ce sont les travaux scientifiques, executés à travers les siècles, qui s'y expriment. Grâce au labeur méthodique et héroïque des chercheurs, exposés jadis aux feux et aux bûchers, les mystères de l'existence seront tôt ou tard dévoilés. Car dans la maison de science, les efforts humains sont inlassables:

> Avec des yeux
> Méticuleux ou monstrueux
> On y surprend les croissances ou les désastres
> S'échelonner, depuis l'atôme jusqu'à l'astre'
> La vie y est fouillée, immense et solidaire,
> En sa surface ou ses replis miraculeux.

C'est une foi absolue dans la science que respire ce poème. Un jour, les savants auront trouvé la solution de tout énigme: la "synthèse des mondes" sera établie.

La vision de révolte: "Le Forgeron"; "La Révolte"

Bien que rebuté par les aspects destructeurs de la vie citadine, Verhaeren attribue donc à la ville tentaculaire des forces dynamiques, capables de transformer la condition misérable des citadins en une existence purifiée de toute tare. Une expression essentielle de ces puissances libératrices est la force révolutionnaire que Verhaeren ne cesse d'évoquer dans son oeuvre. Le premier poème, consacré à la révolte, figure dans Les Flambeaux noirs et constitue une esquisse à "La Révolte" des Villes tentaculaires. Dans "Le Forgeron" des Villages illusoires, poème plein de colère et de menace, la révolte est la réaction justifiée d'un peuple opprimé. "Le Forgeron" constitue une ample peinture des injustices sociales et le personnage qui y occupe le premier plan a une valeur nettement symbolique. "Exempt de crainte et pur d'affront", le forgeron, se servant de ses marteaux "libres et transformants", est en train de créer une meilleure existence aux misérables, victimes des "maux immesurables" (sic) de la société capitaliste. Bien conscient des profondes iniquités qui dominent ville et campagne, il attend l'explosion de cette rage, trop longtemps retenue:

> La foule et sa fureur qui toujours la dépasse
> - Etant la force immensément hallucinée
> Que darde au loin la volonté des destinées -
> Fera surgir, avec ses bras impitoyables,
> L'univers neuf de l'utopie insatiable.

Le forgeron a servi de symbole de révolte à de nombreux poètes et peintres. Dans sa "Grève des Forgerons", poème composé en 1869, François Coppé trahit sa sympathie pour la classe ouvrière en évoquant la résistance organisée des travailleurs industriels.[86] S'inspirant probablement d'une gravure qui illustre L'Histoire de la Révolution française par Adolphe Thiers, Arthur Rimbaud se sert du même symbole dans son poème intitulé "Le Forgeron". Il figure également dans l'oeuvre de Meunier et dans celle des néo-impressionnistes. Avec son "Forgeron", Verhaeren rejoint donc les artistes qui protestent contre les injustices sociales, et son attitude envers l'acte révolutionnaire est celle qui se manifeste dans ses deux poèmes, intitulés "La Révolte": non seulement il accepte la révolte, mais il la glorifie, voyant en elle le moyen indispensable de créer une "humanité paisible et harmonique".

"Le Forgeron" a été fort apprécié dans les milieux de gauche de l'époque: c'est avec ce poème que Verhaeren contribue en 1893 à L'Annuaire, publiée par la Section d'art et d'enseignement de la Maison du Peuple de Bruxelles. Et c'est avec Les Villages illusoires et surtout avec "Le Forgeron" que sa poésie attire l'attention des anarchistes de Paris: une lettre adressée à Verhaeren en 1896 par Jean Grave, rédacteur de la revue anarchiste La Révolte qui est remplacée en 1896 par Les Temps Nouveaux, témoigne de l'intérêt que l'on porte à ses poèmes. "Mon cher camarade", lui écrit Grave, "vous avez vu que nous sommes en train de piller Les Villages illusoires". Déçu par la poésie décadente de Verhaeren, il espère pouvoir "puiser" pour Les Temps Nouveaux dans Les Villes tentaculaires, dont il demande un exemplaire.[87]

La réaction que provoque "Le Forgeron" chez Signac se manifeste d'une façon plaisante dans une lettre que celui-ci adresse à Verhaeren. L'amitié entre le poète et les peintres néo-impressionnistes date du milieu des années 1880. Le ton amical de la lettre témoigne de la sympathie qu'éprouve Signac pour l'art et pour les idées de son confrère:

> Bon Verhaeren
> J'ai trop tardé à te remercier de l'envoi de ton dernier volume. Tu sais que j'aime de plus en plus tout ce que tu écris; et ces Villages illusoires, je les admire entièrement de tout mon coeur et de toute ma tête. - Tu te rues maintenant, librement, en plein génie. - Tu es le glorieux prophète des temps proches; tu démolis les sombres masures d'ignorance et de méchanceté et tu nous laisses entrevoir les clartés de la cité joyeuse, de logique et de bonté. -
> Ton "Forgeron", je le hurle tous les matins, afin de me donner du coeur au ventre pour ma dure besogne (une toile de 12 mètres "au temps d'harmonie" -- l'âge d'or ne vient pas dans le passé mais dans l'avenir) -- et dans toute la journée me voilà en train - Merci ami, de ces dures joies.[88]

Une partie de la production du peintre trahit autant que cette lettre sa sympathie pour l'idéologie anarchiste. Car même s'il est possible de voir dans "Le Démolisseur" de Signac la représentation pure et simple d'un carrier, il est beaucoup plus probable que cet ouvrage est chargé d'une tendance politique, apparentée à celle que le peintre est si heureux de rencontrer chez Verhaeren.[89] "Le Démolisseur" fut reproduit dans Les Temps Nouveaux et comme c'est souvent le cas avec les néo-impressionnistes, ce sont les dessins, crées pour y être publiés,qui révèlent leur position politique: leurs idées anarchistes ne se laissent pas découvrir aussi facilement dans leurs toiles.[90] La réaction des anarchistes à la lecture d'un poème comme "Le Forgeron" montre donc qu'il existe des affinités entre leur vision révolutionnaire, et celle de Verhaeren. Un article écrit par celui-ci et publié dans la revue anarchiste L'Endehors en 1892 ne fait que confirmer cette idée. C'est en présentant aux lecteurs français Georges Eekhoud - lui aussi tenté par l'anarchisme - qu'il révèle la fascination qu'exerce sur lui la vision de révolte, évoquée dans l'oeuvre de l'écrivain belge. Ver- haeren met surtout en valeur le Cycle Patibulaire, suite de nouvelles, qui sont à ses yeux, des "durables poèmes de violence et de sang", où "Les extrêmes de la violence sont atteints". Nettement impressionné par ces nouvelles où Eekhoud peint des misérables "soudainement grands par l'idée qu'ils ont de leur révolte", il ne tardera pas à donner dans ses poèmes sa propre version de l'insurrection populaire, ce qui est tout à fait logique, puisque, selon lui, des "évidentes fraternités /.../ lient les écrivains d'aujourd'hui aux irréguliers".[91]

Les deux poèmes, intitulés "La Révolte", sont l'expression la plus con- crète de la place importante qu'occupe l'insurrection populaire dans la pensée et dans la poésie de Verhaeren. Le poète y évoque la vision d'une grande ville face à la catastrophe: des tambours funestes résonnent à travers la cité angoissée, dont les façades, ravagées par les flammes, contrastent puissamment avec le ciel noir. La perspective du temps joue un rôle primordial dans ces poèmes: la révolte se déroule dans le présent, ce qui souligne encore l'atmosphère funeste des poèmes.

Dans "La Révolte" des Flambeaux noirs, la ville révoltée se dessine vaguement dans le lointain, exerçant une attraction irrésistible sur le Je du poème. La menace d'une révolte qui pèse sur la ville s'exprime par une image bien concrète - la guillotine:

> Vers une ville au loin d'émeute et de tocsin,
> Où luit le couteau nu des guillotines,
> En tout-à-coup de fou désir, s'en va mon coeur.

C'est par des effets auditifs extrêmement suggestifs que se manifeste la rage retenue des opprimés, rage qui ne tardera pas à éclater. La puissance guerrière des déshérités est efficacement soulignée par l'emploi des termes, empruntés au vocabulaire militaire:

> Les sourds tambours de tant de jours
> De rage tue et de tempête,
> Battent la charge dans les têtes.

L'atmosphère de fatalité, si sensible dans les vers cités, est renforcée encore par une image dont Verhaeren se servira à plusieurs reprises:

> Le vieux cadran d'un beffroi noir
> Darde son disque au fond du soir
> Contre un ciel d'étoiles rouges

Le vieux cadran - symbole de l'ordre établi et du temps passé - contraste ici vivement avec un ciel, dont les étoiles rouges symbolisent les espérances des révoltés, opposition soulignée par les adjectifs noir - rouge. Cette opposition implicite constitue le noyau du poème: las des injustices séculaires, les opprimés sont ici transformés en une puissance active, capable d'ouvrir "les chemins de l'avenir". Maintenant ils "sont descendus de leur silence" et la ville résonne de bruits menaçants: "Des pas, des glas, sont entendus".

C'est par une image bien fréquente dans l'art de la révolte que Verhaeren met en relief la rage des opprimés: les poings levés de la foule symbolisent l'insurrection victorieuse par laquelle elle menace la ville. Tyrannisée depuis des siècles, elle se prépare maintenant à la vengeance:

> La haine du monde est dans l'air
> Et des poings pour saisir l'éclair
> Se sont tendus jusqu'aux nuées.

D'une façon suggestive, la fatalité du moment est accentuée dans les deux dernières strophes, qui commencent par la constatation laconique et funeste "C'est l'heure". Cette expression si chargée de sens termine le poème:

> C'est l'heure - et c'est là-bas que sonne le tocsin
> Des crosses de fusil battent ma porte;
> Tuer, être tué! - qu'importe!

> C'est l'heure.

Les ressemblances les plus frappantes entre le poème cité et "La Révolte" des Villes tentaculaires résident dans l'emploi de certains symboles. Ainsi la rage incontrôlable des insurgés s'exprime-t-elle aussi dans le deuxième poème par leurs gestes menaçants: "La Révolte" de ce recueil évoque dès ses premiers vers la vision d'une foule enragée et agressive, remplissant les rues de la ville:

> La rue, en un remous de pas,
> De torses et de dos d'où sont tendus des bras
> Sauvagement ramifiés vers la folie,
> Semble passer volante;
> Et ses fureurs, au même instant s'allient
> A des haines, à des appels, à des espoirs;
> La rue en or,
> La rue en rouge, au fond des soirs.

Ici également, les effets auditifs servent à créer une atmosphère, chargée de menace et d'agressivité, qui est caractéristique des deux poèmes; et comme dans la première version de "La Révolte", Verhaeren se sert ici, mais sous une forme plus élaborée, de l'image du cadran. La différence est que, dans Les Villes tentaculaires, l'horloge n'est pas seulement le représentant passif de l'ordre établi: comme un espion, le cadran guette les activités révolutionnaires. Aussi la foule enragée n'hésite-t-elle pas à se débarrasser avec brutalité de ce témoin peu commode:

> La toux des canons lourds,
> Les lourds hoquets des canons sourds
> Mesurent seuls les pleurs et les abois de l'heure.
> Les hauts cadrans des horloges publiques,
> Comme des yeux en des paupières,
> Sont défoncés à coups de pierre:
> Le temps normal n'existant plus
> Pour les coeurs fous et résolus
> Des multitudes faméliques.

Les ressemblances entre les deux poèmes sont donc évidentes, et pourtant, la vision de révolte des Villes tentaculaires se distingue de celle des Flambeaux noirs: dans la deuxième version, la révolte se manifeste sous une forme sensiblement intensifiée. Elle se caractérise par l'accumulation d'images brutales et suggestives, créant une impression de progression dramatique dont le point culminant est la dévastation totale de la ville. Dans le long poème des Villes tentaculaires, cette impression de dynamisme et d'intensité est renforcée par des effets rythmiques: le nombre de syllabes de chaque vers varie beaucoup plus dans ce poème que dans celui des Flambeaux noirs.

La différence d'intensité apparaît dès les premiers vers des deux poèmes. Tandis que la révolte se déroule "au loin" dans le poème des Flambeaux noirs, la première strophe de "La Révolte" des Villes tentaculaires nous place au coeur même de l'émeute citadine. La fureur des révoltés occupe ici une place primordiale, traduite par des métaphores bien expressives: la rage de la foule a dans Les Villes tentaculaires le caractère d'une bête féroce qui se précipite inexorablement sur sa proie:

> La rage, elle a bondi de terre
> Sur un monceau de pavés gris
> /.../
> La rage, elle a bondi
> Féroce et haletante
> Et si terriblement
> Que son moment d'élan vaut à lui seul le temps
> Que met un siècle en gravitant
> Autour de ses cent ans d'attente.

La révolte fait partie d'une évolution, lentement préparée - elle est le fruit d'espérances et d'exigences séculaires: voilà une idée à laquelle Verhaeren revient constamment dans ce poème. Il est donc logique qu'en évoquant ces événements dramatiques le poète attribue une large place aux penseurs. En diffusant leurs idées, les intellectuels déclenchent un processus qui sera accompli par la révolte des opprimés:

> Tout ce qui fut rêvé jadis,
> Ce que les fronts les plus hardis
> Vers l'avenir ont instauré:
> /.../
> Ce que toute la sève humaine
> Silencieuse a renfermé,
> S'épanouit, aux mille bras armés
> De ces foules, brassant leur houle avec leur haine.

"La Révolte" des Villes tentaculaires donne donc une image plus nuancée du mécanisme révolutionnaire que le premier poème. Il précise d'une manière plus explicite le but de la révolte: la foule s'attaque aux fondements de la société, symbolisés par "les vieux palais publics". N'acceptant plus de voir leurs exigences toujours repoussées, les révoltés se précipitent sur les bâtiments citadins, en anéantissant par le feu toute cette masse de mots vides et de "harangues" qui constituent la justice. La violence de leurs efforts effrénés est accentuée par l'emploi des verbes dont la vigueur contraste avec ceux qui évoquent la force répressive de la société de jadis (cogner, marteler - dompter, refouler). La puissance déchaînée de cette foule, si enragée qu'elle n'arrive plus à contrôler ses instincts, a un caractère presque sexuel:

> Aux vieux palais publics, d'où les échevins d'or
> Jadis domptaient la ville et refoulaient l'effort
> Et la marée en rut des multitudes fortes,
> On pénètre, cognant et martelant les portes:
> /.../
> Des armoires de fer ouvrent de larges trous
> Où s'empilent par tas les lois et les harangues:
> Une torche soudain les lèche avec sa langue,
> Et tout leur passé noir s'envole et s'éparpille

Non seulement le pouvoir judiciaire est anéanti: les institutions religieuses
sont attaquées, elles aussi, et un mépris total se manifeste par des actes
blasphématoires et brutaux:

> Un Christ, exsangue et long comme un fantôme
> Est lacéré et pend, tel un haillon de bois,
> Au dernier clou qui perce encore l'or de sa croix
> Le tabernacle, ardent et pur, où sont les chrêmes
> Est attaqué, à coups de poings et de blasphèmes:

La destruction systématique des institutions et des valeurs établies, sur
laquelle ce poème insiste tant, est ici intimement liée à l'idée d'incendie:
il est un des éléments les plus frappants du tableau révolutionnaire, aussi
bien sur le plan concret que sur le plan abstrait. "Les bras des feux,
ouvrant leurs mains funèbres" dévorent les façades et font de la révolte
citadine un spectacle sanglant et terrifiant. Mais le feu joue aussi un rôle
purificateur.[92] Le système judicaire, caractérisé par une corruption
odieuse, est en un seul coup dévoré par les flammes. Verhaeren se sert donc
d'un symbole révolutionnaire bien fréquent dans ce contexte: Eugène Delacroix
l'emploie dans sa célèbre peinture "La liberté guidant le peuple", dont
l'arrière-plan évoque un Paris incendié. Enjolras, le héros révolutionnaire bien
des Misérables, qui souligne l'utilité de la révolte, l'associe nettement
à la notion d'incendie: "De même que les incendies éclairent toute la ville,
les révolutions éclairent tout le genre humain".

Bien que dans Les Villes tentaculaires, la révolte soit un spectacle
terrifiant, un aspect de jouissance et de libération est toujours lié à
cette vision, ce qui ressort nettement de certaines juxtapositions: la révolte ne répand pas seulement "terreur", mais aussi "joie", elle est une
"fête de sang" et les actes sanglants sont des "joyaux de meurtre".

C'est une image extrêmement dramatique qui peint le cataclysme final:

        La ville entière éclate
        En pays d'or coiffé de flammes écarlates:
        La ville, au vent des soirs, vers les lointains houleux
        Tend sa propre couronne énormément en feu

Le poème culmine donc dans la destruction totale de la cité, mais la
bataille sanglante ne se limite pas à la ville seulement: tout l'espace
brûle. Dans Les Villes tentaculaires, la violence des actes révolutionnaires
a une place importante, et la présence de la mort est sensible et concrète:

        Toute la mort
        En des beffrois tonnants se lève;
        Toute la mort, surgie en rêves,
        Avec des faux et des épées
        Et des têtes atrocement coupées.

La brutalité de ce spectacle sanglant est plus explicite encore dans la
première édition du recueil: une vingtaine de vers, barrés par l'auteur
pour l'édition définitive du Mercure de France, évoquent un véritable champ
de bataille, où la mort, inexorable et mécanique, fait ses ravages:

        La mort, avec des doigts précis et mécaniques,
        Au tir rapide et sec des fusils lourds,
        Abat, le long des murs du carrefour,
        Des corps debout, jetant des gestes tétaniques;
        Des rangs entiers tombent comme des barres.
        Des silences de plomb pèsent dans les bagarres.
        Des cadavres, dont les balles ont fait des loques,
        Le torse à nu, montrent des chairs baroques
        /.../
        Une bataille rauque et féroce de sons
        S'en va pleurant l'angoisse aux horizons
        Hagards comme la mer.

Les aspects violents de la vision révolutionnaire, si effrayants qu'ils
soient, ne cachent pas l'attitude positive qu'adopte Verhaeren vis-à-vis de
la révolte. A ses yeux, la révolte est nécessaire et c'est en elle que
réside la véritable puissance des hommes. Dans la dernière strophe, il
développe une idée, esquissée dans le poème des Flambeaux noirs:

        - Tuer, pour rajeunir et pour créer;
        Ou pour tomber et pour mourir, qu'importe!
        Passer; ou se casser les poings contre la porte!
        Et puis - que son printemps soit vert ou qu'il soit rouge -
        N'est-elle point, dans le monde, toujours,
        Haletante, par à travers les jours,
        La puissance profonde et fatale qui bouge!(93)

C'est mal interpréter le message essentiel de "La Révolte" que de voir dans

l'insurrection des masses affamées, comme le fait Sussex,[94] un "allié" de
la mort. La révolte est effrayante comme l'est la mort qui circule dans la
ville, faisant d'elle une nécropole, mais selon Verhaeren, elle est justifiée
et nécessaire dans la marche vers une société meilleure. Aux yeux de
E. Starkie, c'est en s'inspirant directement du Manifeste Communiste que
Verhaeren compose "La Révolte" des Villes tentaculaires[95] elle est donc bien
consciente du message politique du poème, mais il est sans doute trop
audacieux d'attribuer à Verhaeren de profondes connaissances livresques de
l'idéologie marxiste. Probablement, c'est dans le climat révolutionnaire
de l'époque, plutôt que dans les textes théoriques, que Verhaeren puise
l'inspiration de son poème.

Dans une large mesure, c'est la réaction que provoque "La Révolte" chez
les contemporains du poète qui nous renseigne le mieux sur sa source
d'inspiration aussi bien que sur le sens politique du poème. Indignés, les
adversaires de Verhaeren ne tardent pas à dénoncer dans sa poésie un message
politique qui les irrite fortement. Avec ironie, Albert Giraud constate en
1896 à propos de Villes tentaculaires que la ville est un "monde que le
poète maudit, sur lequel il appelle la foudre, ce monde de laideur et de
l'injustice", et il est visiblement choqué par la vision de révolte:
"Monsieur Verhaeren maudit la bourgeoisie et prêche la révolte pour la
révolte. Est-il socialiste? Est-il anarchiste? Je ne sais trop: mais certaines de ces strophes ont l'air de sortir du rugissoir du Peuple ou du
hurloir du Vooruit".[96]

Iwan Gilkin, poète et collaborateur à La Jeune Belgique, regrette que
lors d'une soirée poétique, le poème le plus applaudi fût justement "La
Révolte" des Villes tentaculaires. Selon lui, le poème ne remplit nullement
les exigences formelles les plus élémentaires: la versification est "folle",
certains vers sont "dignes d'un Gongora de village", les images sont "sottes"
et "absurdes". Le succès que remporta ce poème est selon Gilkin entièrement
dû à sa puissance suggestive, car le seul mérite du poète est de posséder
une "véritable puissance oratoire", capable d'influencer un auditoire peu
réservé. Ce ne sont pourtant pas seulement les négligences formelles qui
font des ouvrages verhaereniens des recueils "détestables" - c'est aussi
leur message politique qui scandalise le critique: "tout y est puéril,
cocasse, absurde et ridicule", constate-t-il dédaigneusement.[97]

Un poème suggestif, dont le ton rappelle celui des revues d'extrême
gauche - voilà, en résumé l'opinion des critiques contemporains de Verhaeren. Bien qu'adversaires de ce genre de poésie, ils montrent implicitement

qu'ils ont compris l'intention du poète: Verhaeren n'a pas voulu présenter
un programme politique défini - il a voulu suggérer, non enseigner - et il
est bien possible qu'il se soit nourri des visions révolutionnaires, évoquées
dans les revues socialistes et anarchistes.

Une revue particulièrement intéressante à cet égard est L'Endehors, qui
ne cesse de prédire, avec un grand enthousiasme, le cataclysme total d'une
société corrompue. Surtout, c'est le langage imagé, employé dans cette
revue qui est digne d'attention. Les articles de Zo d'Axa, son rédacteur en
chef, où la révolte est toujours associée à l'idée d'une fête et d'un feu,
à la fois libérateur et destructeur, semblent même annoncer un poème comme
"La Révolte" des Villes tentaculaires. Son article "14 juillet sanglant",
publié en 1892, est significatif à cet égard: "Ne causons pas des bastilles
qui restent", dit-il. "Parlons simplement de la Fête; et puisque les satis-
faits préparent déjà les girandoles, faisons réfléchir les gueux à quel-
qu'autre feu de joie imprévue. /.../ Tout est bien qui frappe et qui pique".[98]

Les Aubes

Il est également probable que c'est en lisant les revues de gauche que
Verhaeren a eu l'idée du titre même de son drame révolutionnaire: dans ces
périodiques, l'aube symbolise la vision d'avenir des anarchistes et des
socialistes, symbole qui a d'ailleurs donné le nom à certains d'entre eux.
L'image d'une aube, pleine de promesses, est fréquente dans les articles
de L'Endehors: "Ce qu'il nous faut", constate Jules Méry en 1892, "c'est
la fin du monde présent. Elle viendra - et peut-être vivrons-nous assez
pour voir, au lendemain, briller l'aube première du véritable An I de la
liberté".[99]

Avec son drame symboliste, où la prose et le vers alternent, Verhaeren
place encore une fois au centre de la scène la ville incendiée, secouée dans
ces fondements par la révolte. Le drame est donc la suite logique des
visions révolutionnaires qui s'étaient déjà manifestées dans sa poésie:
aussi sa première scène est-elle chargée d'une atmosphère de fatalité et de
menace qui est identique à celles des poèmes dédiés à la révolte. C'est
une ville, entourée de flammes voraces, retentissante de tocsins et
d'explosions, qui se dresse devant nos yeux. Effarés, les campagnards
affluant de la plaine brûlante, ont l'impression d'assister au Jugement
dernier. L'aspect presque religieux de ce cataclysme d'Oppidomagne est

renforcé par les effets hallucinatoires, provoqués par les flammes: "Vergues et mâts se calcinent et font des croix au bout du ciel".[100] Le drame est dédié à Signac, qui évoque dans son oeuvre lithographique la destruction totale de la ville, symbole du système capitaliste. Son "Cataclysme de l'Etat", reproduit dans Les Temps Nouveaux quelques années après la publication des Aubes aurait pu servir d'illustration au drame.

Même si l'atmosphère de fermentation est la même dans les deux poèmes et dans Les Aubes, la révolte se présente sous un jour nettement différent dans le drame: elle n'est pas dans cet ouvrage l'explosion d'une rage incontrôlable - elle est l'arme efficace des ouvriers organisés qui manifestent leur mécontentement par une grève, "la plus grave des insurrections".[101] Comme le faisaient les anarchistes, Verhaeren identifie donc la révolution avec la grève générale: Les Aubes renferment même une allusion directe à la retraite des plébéiens sur le mont Aventin en l'an 493 avant J - C, action considérée par certains comme le premier essai pratique de cette forme de révolte.[102] Le drame donne également un motif, plus précis que les poèmes, à la révolte de la foule: "Nous voulons qu'on paye aux ouvriers l'arriéré des salaires".[103]

La première scène n'esquisse pas seulement ce grave conflit entre oppresseurs et opprimés: d'une manière extrêmement suggestive Verhaeren évoque l'opposition tragique et insoluble entre ville et plaine, entre travail manuel et travail industriel, entre tradition et évolution. Cette antithèse si caractéristique de la société industrielle se dessine ici dans des images bien éloquentes - c'est surtout dans la première scène du drame que réside la valeur littéraire de la pièce. Encore une fois, Verhaeren peint la grande ville impudente qui attire tout vers elle, démoralisant les campagnards et empoisonnant la campagne de ses déchets industriels. Inconsolable, le vieux paysan regrette la perte de ses fils, qui ne résistèrent pas à la tentation corruptrice de la vie citadine:

> Ils se sont engloutis dans la ville profonde
> Ils ont voulu la vie infâme et inféconde:
> Les bourgs et les hameaux sont morts:
> Oppidomagne en a brisé l'effort,
> Oppidomagne en a tari le sang:
> Et maintenant
> Voici que, sur les clos et les arpents,
> Se ramifient toutes les maladies
> De l'eau, du sol, de l'air et du soleil.[104]

La tension dramatique du début de la pièce s'accroît d'un autre conflit, dont Oppidomagne est la scène: la cité est assiégée par des ennemis qui aspirent à la subjuguer, car Oppidomagne est convoitée "jusqu'au bout de la terre". Comme l'indique le nom de la ville, ainsi que l'existence de ses dirigeants - les consuls - Oppidomagne se laisse dans une certaine mesure identifier avec une ville de l'Antiquité: Oppidomagne est un phénomène à la fois ancien et moderne.

Comme souvent dans l'oeuvre verhaerenienne, la solution des problèmes réside dans l'action résolue d'un seul personnage, à la fois surhomme et Christ. Le rôle attribué à Hérénien, tribun populaire, se manifeste dès la première scène, où un ouvrier le caractérise ainsi:

> N'est-il pas le maître du peuple?
> C'est quelqu'un d'admirable et de sacré,
> Qui vit, à travers l'ombre de cette heure,
> Pour l'avenir, que ses gestes effleurent;
> Nul mieux que lui n'a mesuré
> Ce qu'il faudra et de folie et de prudence
> Pour conquérir les jours nouveaux;
> Ses livres clairs illuminent tous nos cerveaux.
> On y apprend à l'évidence
> Quelle est la route vers le mieux
> Et ce qui fait qu'un homme, à tel moment, devient un Dieu.[105]

Un héros vaguement apparenté au surhomme nietzschéen - voilà donc la première impression que nous donne Hérénien. Par la suite, les tendances nietzschéennes, discernées dans ce portrait, seront d'autant plus explicites: s'extasiant sur sa capacité illimitée, Hérénien résume ainsi le rôle qu'il joue dans l'évolution dramatique de la pièce:

> J'ai terrassé sous moi la vieille Oppidomagne
> - Chartes, abus, faveurs, dogmes et souvenirs -
> Et la voici monter, celle de l'avenir,
> Forgée à coups d'éclairs et mienne enfin,
> Qui regarde le feu de ma pensée
> Et la folie et mon ardeur réalisées
> Luire et grandir dans les yeux fixes du Destin![106]

A plusieurs reprises, Verhaeren évoquera par la suite le tribun populaire: "Le Tribun" des Forces tumultueuses, où le leader populaire est un des "maîtres" de l'ère moderne est une autre expression de cette fascination qu'exerce sur Verhaeren l'image d'un être élu, qui se distingue fortement de la foule. C'est à partir de 1892 que l'on commence à traduire en français certaines parties de l'oeuvre nitzschéenne; la même année, on commence à en publier des extraits dans La Société Nouvelle. Il est tentant d'en voir des reflets dans l'oeuvre verhaerenienne.

L'ambiguïté du personnage d'Hérénien, à la fois ami du peuple et surhomme s'élévant au-dessus du "troupeau" contribue largement au manque de précision qui caractérise la pièce. Dans Les Aubes, les personnages ou les groupes de personnages remplissent avant tout la fonction de porte-paroles des idées, jugées essentielles par l'auteur. Aussi le caractère du personnage principal est-il extrêmement difficile à saisir, ce qui est d'ailleurs caractéristique de bien des personnages de la pièce. Il semble que Verhaeren se soit moins intéressé à la vraisemblance des caractères qu'à la mise en relief des problèmes sociaux. Avec son drame, il a voulu donner une vision utopique d'une société, purifiée de toutes les tares qu'il avait dénoncées dans les deux recueils de la trilogie. La grande ville monstrueuse, avec ses vices, sa corruption et sa soif de l'or est présente dans Les Aubes comme dans les recueils, mais dans le drame, elle n'appartient plus au présent - elle fait partie du passé. Avec dégoût, Hérénien caractérise ainsi la ville de jadis:

> /.../ Dans les villes où j'entrai,
> L'universel effort
> Avait dégénéré
> En carnage moral; - le vol, le rut et l'or
> Hurlaient et s'étouffaient, en des mêlées
> Monstrueuses de violences accumulées:
> Tous les instincts s'entretuaient, dans les champs clos
> De la banque, de la bourse ou des tripots.
> L'autorité formidable et complice
> Puisait, pour se nourrir et pour fleurir,
> Toute sa sève, en ces fumiers de vices,
> Et se tuméfiait d'excès et de bien-être. [107)]

Le passage cité ci-dessus révèle à quel point les liens qui unissent les recueils et le drame sont intimes. Dans Les Aubes, Verhaeren souligne que la corruption de la société capitaliste, évoquée dans les recueils précédents est vaincue et, tout comme dans Les Villes tentaculaires, l'autorité bourgeoise est symbolisée par une statue. Inébranlable dans le poème, le bourgeois est dans le drame abattu par la foule qui se débarasse ainsi de l'image haïe d'un système qui a "cultivé la misère du peuple".

D'une façon miraculeuse, Hérénien réussit à libérer la ville du système corrompu qui la tourmente depuis des siècles. Mais il s'attaque aussi à un autre fléau, dont souffrent les habitants d'Oppidomagne: la guerre. Les Aubes renferment ainsi des tendances nettement pacifistes:

> Vois, là-bas, sur les hauteurs, le Capitole flambe! On brûle les palais de l'Artillerie et de la Marine. Avant ce soir, on aura partagé toutes les réserves d'armes et de munitions.

Pendant le siège, justices se fit des banques et des bourses.
L'heure de faire justice de l'injustice fondamentale: la guerre!
est venue à son tour. Avec elle seule, disparaîtront les autres:
haines des campagnes contre les villes, des misères contre l'or,
des détresses contre la force. On a frappé au coeur l'organisation
du mal.[108]

D'une manière assez peu convaincante, Verhaeren esquisse donc la solution
de tous les problèmes, présentés dans Les Campagnes hallucinées et dans
Les Villes tentaculaires. Les liens entre les trois parties de son oeuvre
sociale sont tout à fait évidents, son dénouement est plutôt vague. Dans un
ouvrage récent, Ingvar Holm aborde justement ce manque de précision dans
le domaine idéologique qui caractérise la pièce. Malgré ses défauts, il la
considère comme une contribution à la discussion, portant sur les conséquences de l'industrialisme, débat qui domine la fin du XIXe siècle et dont
on retrouve maint écho dans un grand nombre d'oeuvres artistiques de cette
époque.[109] Une autre expression de cet intérêt que les écrivains portent
aux problèmes sociaux est La Ville, drame conçu en 1890 par Paul Claudel:
en brossant cette image d'une cité, fortement secouée par la lutte des
classes et dévorée par les flammes de la révolution, Claudel s'est inspiré,
selon certains critiques, des événements dramatiques de la Commune. Le
drame Die Weber (1892) de Gerhardt Hauptmann traite également de la condition ouvrière - c'est la misère grandissante et la révolte violente d'une
foule de tisserands qui en est le sujet. La source d'inspiration du drame
fut une émeute authentique en 1844, mais aussi l'atmosphère révolutionnaire
de la fin du XIXe siècle.

Certains documents révèlent que Verhaeren connaît l'existence du drame
de Claudel même avant sa publication. En 1892, Maurice Maeterlinck lui
adresse une lettre où il annonce que Claudel, qui est sans ressources,
vient d'achever La Ville. Il fait appel à la solidarité de ses confrères
pour aider Claudel à réaliser ses projets.[110] Il est bien probable aussi
que Verhaeren prit connaissance de certains passages de Die Weber dès le
début des années 1890: en 1892, La Société Nouvelle publie la traduction
de certains actes de la pièce.

Au théâtre, la représentation de la pièce se fait attendre. Dans une
lettre intéressante, adressée à Verhaeren en 1898,Mallarmé avoue implicitement qu'il préfère lire Les Aubes plutôt que de voir la pièce sur scène;
il y trouve également des idées qu'approuverait certainement Claudel,
auteur de La Ville:

Admirable Verhaeren, je me figurais voir Les Aubes sur une scène,
à Paris, cet hiver et combien je me plains peu que la représentation en demeure réservée au seul théâtre de nous-mêmes /.../ là
seulement, où nous sommes tragiques devant les destins, au plus
pur, au plus amer, au plus glorieux de chacun, peut s'installer,
même pour une jouissance d'art cet échange supérieur ou grandiose
de cris humains traversé d'un battement extraordinaire de ce vers,
dont vous êtes seul capable, l'ayant, le premier lancé en tant
d'effroi! - Paul Claudel, vice-consul à Shang'hai, lira-t-il cela?
Envoyez-le-lui donc: je crois qu'à l'autre extrêmité du monde, il
ne sera pas moins bouleversé et enchanté que moi.[111]

Si une attitude un peu réservée à l'égard des Aubes se laisse deviner chez
Mallarmé, la réticence de certains critiques est d'autant plus explicite.
Aux yeux de George Brandes, le défaut le plus frappant de la pièce réside
dans l'impression un peu vague que produit la personnalité d'Hérénien.

Pendant des années après qu'on a lu la pièce pour la première
fois, la mémoire de quelque chose de frappant subsiste, mais,
fait assez singulier, on oublie les détails.
On garde le souvenir de la personnalité d'Hérénien comme un con-
tour indistinct, sans aucune impression définie de ses caractéristiques. C'est certainement en partie la faute de Verhaeren.
/.../ Néanmoins, c'est dans l'élaboration de la personnalité du
tribun que Verhaeren aurait dû livrer la grande bataille. Il ne
s'en est pas donné la peine, étant au plus profond du coeur un
poète lyrique et quoique Les Aubes soit certainement une des
oeuvres dramatiques les plus remarquables de notre époque, ce
titre n'est pas devenu le nom libérateur d'un chef-d'oeuvre.[112]

La première représentation des Aubes eut lieu en 1901 à La Maison du Peuple
de Bruxelles où la pièce fut montée par un groupe d'amateurs. Le rapport
qu'en fait Eekhoud dans sa "chronique de Bruxelles", publiée tous les mois
dans Le Mercure de France, nous donne les circonstances de cette première
peu traditionnelle:

On vient de faire une intéressante et curieuse expérience à la
Maison du Peuple de Bruxelles. Des orateurs et tribuns socialistes
ainsi que des avocats de talent ont représenté Les Aubes d'Emile
Verhaeren. MM. Emile Royer, Jules Destrée, Gheude, tenaient les
principaux rôles. Le premier surtout a interprété son personnage
avec une flamme et une conviction qui manquent à la généralité
des comédiens professionnels. Les mouvements de foule étaient fort
suggestivement rendus par les compagnons mêmes affiliés au parti
ouvrier. La représentation avait été précédée d'une conférence
chaleureuse et brillante par Emile Vandervelde.[113]

La représentation la plus célèbre de la pièce est celle que donna à Moscou
en 1920 Vsevolod Meyerhold lors du troisième anniversaire de la Révolution
d'Octobre. Dans le but de donner au message du drame des contours plus

distincts, le metteur en scène soviétique apporta aux Aubes des modifications assez sensibles. L'action dramatique se déroule, dans la version de Meyerhold, en Russie, et la foule, anonyme et plutôt passive dans le texte de Verhaeren devint sur la scène moscovite le véritable héros de la pièce. Pour donner au drame plus d'actualité, Meyerhold y introduit des concepts comme "la dictature du prolétariat".[114] Un télégramme authentique annonçant une victoire, que L'Armée Rouge avait remporté sur les troupes blanches, doit donner aux spectateurs russes l'illusion d'assister à un drame qui les concerne de plus près.[115]

La pièce fut composée à un moment où les artistes discutaient vivement la fonction sociale du théâtre. Dans son ouvrage, Le théâtre du peuple, (1903) Romain Rolland précise ainsi le rôle de l'art dans une société en évolution:

> L'art ne peut s'abstraire des souffrances et des désirs de son temps. Le théâtre du peuple doit partager le pain du peuple, ses inquiétudes, ses espérances et ses batailles. Il faut être franc: le théâtre du peuple sera aujourd'hui social, ou il ne sera pas. /.../ le théâtre doit être à la fois "un délassement" et une source d'énergie.[116]

La trilogie sociale et les lecteurs contemporains

Il n'est guère étonnant que la trilogie verhaerenienne, consacrée à la vie problématique de la métropole moderne, ait trouvé des lecteurs en dehors des cercles strictement littéraires. Plusieurs économistes, contemporains de Verhaeren, furent frappés par la vision de la ville tentaculaire, qui se dessine dans cette partie de son oeuvre. Werner Sombart, professeur allemand qui s'inspire de la doctrine socialiste, cite à plusieurs reprises dans ses ouvrages des poèmes de Verhaeren. Dans son monumental Der moderne Kapitalismus (1902), où il analyse la fonction de la grande ville moderne dans le système capitaliste, il fait la remarque suivante:

> Ist es nicht offensichtlich, dass insbesondere mit der modernen Grosstadt eine neue Ära menschlicher Entwicklung begonnen hat: dass die "Ville tentaculaire" von der Emile Verhaeren singt alles frühere vernichtet, die Geschichte der Völker in neuen Bahnen geleitet hat? Ist es heute nicht mit Händen zu greifen, dass Religion und Sitte, Staatsform und geselliges Leben, Literatur und Kunst, kurz unser gesamtes inneres wie äusseres Leben auf einen neuen Boden gestellt ist, dass eine neue Kultur, die Asphaltkultur begonnen hat?[117]

Avec ses poèmes citadins, insistant sur le contraste fondamental entre
l'ordre du passé et l'ère nouvelle, Verhaeren a donc traduit certains aspects essentiels de la révolution industrielle. Sombart n'est pas le seul
à voir dans Verhaeren un témoin perspicace des transformations sociales:
il est évident que Vandervelde, qui parsème ses ouvrages politiques et
sociologiques de citations de la poésie verhaerenienne, considère son oeuvre
comme une arme efficace dans la lutte politique. Certains critiques ont
observé la place importante que donne le socialiste à la trilogie sociale
dans son ouvrage L'exode rural et le retour aux champs (1903). Plus intéressante que cet ouvrage est la conférence, intitulée Les Villes tentaculaires.[118)]
Vandervelde y analyse non seulement l'évolution sociale de la Belgique, mais
aussi la trilogie verhaerenienne, et il met fortement l'accent sur les
rapports étroits qu'il voit entre réalité sociale et oeuvre livresque. A
ses yeux, Verhaeren évoque dans sa trilogie cette ville monstrueuse, immense
foire où l'homme est la victime et le capital le souverain absolu, ce
qu'il ne cesse de critiquer lui-même dans ses ouvrages politiques. C'est
pour illustrer à quel point Verhaeren a compris le caractère essentiel de
la grande cité moderne qu'il commence sa conférence par une citation de
"La Ville" des Campagnes hallucinées et qu'il la termine par une présentation
du message de la trilogie tout entière:

> La première (partie), ce sont Les Campagnes hallucinées, hallu-
> cinées par l'éclat des villes, les ruraux allant vers elles, comme
> s'en vont les oiseaux marins, le soleil tombé, vers la clarté des
> phares; puis Les Villes tentaculaires, absorbant les forces vives
> des campagnes, par l'impôt, le fermage ou la conscription; mais
> enfin, viennent Les Aubes: c'est la jonction des deux prolétariats,
> c'est la fraternelle communion des travailleurs industriels et des
> agricoles. Le jour où, par le socialisme, cette jonction des
> travailleurs sera un fait accompli, nous pourrons dire alors avec
> le poète: Que les aubes se lèvent![119)]

Il est évident que le ton optimiste que respire la fin du drame est bien
en accord avec la vision d'avenir des socialistes. Aussi les dessins de
Jean Maillard, créés à cette époque et affichés à La Maison du Peuple de
Bruxelles, sont-ils munis d'une inscription, qui est une allusion directe
aux Aubes.[120)]

   Les socialistes ne sont pas les seuls à voir dans la trilogie le porte-
parole de leurs idées. Albert Mockel - poète, lui aussi, et ami de Verhaeren
- souligne dans son analyse des Villes tentaculaires que c'est une atmosphère de misère et d'effroi qui domine ces poèmes, inspirés selon lui de la
pitié qu'éprouve Verhaeren pour les victimes de la société industrielle.

Il voit également des rapports étroits entre la critique que Verhaeren y
fait de l'organisation sociale et le climat qui règne dans les cercles intellectuels belges de l'époque. A ses yeux, le contact que son ami avait
avec les socialistes de l'époque eut pour résultat qu'il adopta leurs idées,
et même s'il ne devint jamais "l'esclave d'une doctrine", la trilogie sociale
porte l'empreinte de son engagement politique, ce qui diminue sensiblement
sa valeur esthétique. Un défaut évident des Villes tentaculaires est selon
lui "cette éloquence sociale qui fera plus tard la fortune de Verhaeren
auprès de la grande foule", et en ce qui concerne Les Aubes, il est nettement réservé: cette oeuvre "touche en effet de fort près à la déclamation
politique et sociale, et je n'en parlerais guère si elle ne se rattachait
directement aux livres qui la précèdent", constate-t-il. Le drame est une
"oeuvre évidemment socialiste, et pacifiste jusqu'à l'outrance": il préfère
ne pas analyser ces tendances socialistes qui gâtent la beauté de l'oeuvre.[121]

Accueil de la trilogie sociale

Si les critiques de nos jours ont eu tendance à mal comprendre le message
de la trilogie, il n'en était donc pas ainsi à l'époque où elle vit le jour.
C'est sans doute Hubert Krains, écrivain et critique à La Société Nouvelle,
qui a le mieux compris l'intention et la méthode de l'auteur de la trilogie
- la réaction que provoque chez Verhaeren l'article, écrit par Krains à la
suite de la publication des Campagnes hallucinées le montre bien. A la
seule lecture des titres des différentes parties de la trilogie, annoncés
dans son premier recueil, Krains devine le canevas même de cette oeuvre:
"Les Campagnes hallucinées, c'est le poème du passé, Les Villes tentaculaires,
constitueront-elles le poème du présent, et dans Les Aubes, M. Verhaeren
nous confiera-t-il ses visions d'avenir?"

Il distingue nettement dans Les Campagnes hallucinées la conception
artistique de Verhaeren. En voulant peindre les transformations sociales,
l'écrivain, "cerveau synthétique" ne se contente pas d'examiner la société
par fragments comme tant d'autres artistes: "poète à la vue large et haute,
(il) l'embrasse dans ses grandes lignes".

Krains est également conscient de l'unité indivisible de cette trilogie,
dont les parties se regroupent autour du même thème: la ville. La première
pièce des Campagnes hallucinées - "La Ville" - constitue ainsi une introduction, non seulement au premier recueil, mais à la triptyque entière,

constate-t-il. C'est ce poème qui apprend au lecteur "la pensée génératrice de l'oeuvre" et il concentre en lui bien des aspects qui reviendront dans Les Villes tentaculaires. Dans son analyse du poème, il résume ainsi les faces essentielles du recueil suivant:

> C'est sans doute la synthèse du cahier qui suivra, une vue à vol d'oiseau de ce présent affolé qu'on nous peindra plus tard. Symbolisé par une ville, sise en quelque Amérique, sans coeur, sans âme, mais où tous les appétits matériels sont déchaînés vers une perpétuelle et jamais suffisante curée, ce présent concentre les hommes dans une cuve infernale, dans une fournaise diabolique, où parmi un entassement, un fouillis de fer et de pierres, au milieu des bruits, des cris, des plaintes, des sanglots fusionnés en rumeur épouvantable, ils se cognent, s'enlacent, se renversent, se piétinent, s'acharnent sans repos ni trêve après un repos chimérique.

Ce texte révèle que l'image de la grande ville infernale, attirant les campagnards et intoxiquant par son influence vicieuse les vieilles idées et les traditions séculaires, produit sur Krains une impression extrêmement forte. C'est à "La Ville" qu'il consacre la plus grande partie de son article, en insistant sur l'aspect profondément effrayant de sa fiévreuse activité:

> Tous les efforts, tous les désirs se tournent vers un travail furieux, inexplicable et meurtrier, plus insensé et plus vain que la construction de la tour de Babel, et l'entassement des montagnes par les Titans rués à l'assaut du ciel.[122]

C'est dans son petit ouvrage, intitulé Portraits d'écrivains belges (1930) que Krains signale la réaction de Verhaeren à la suite de cet article. Celui-ci lui adressa une lettre en confirmant, en tous points, la justesse des remarques faites par Krains dans La Société Nouvelle:

> Oui, j'ai compris la campagne telle que tu le dis, hâve, trouée de misère, irrémédiablement fatiguée et agonisante, sucée par la ville formidable, cruelle, intense, future. Si bien que les campagnes me représentent le principe femelle éreinté par la surproduction séculaire, par la vie depuis le temps des premiers peuples pasteurs et la ville le principe mâle, ardent, terrible, impérieux, dominateur, implacable. L'un c'est la misère passive, l'autre la misère active. Les Villes tentaculaires, comme tu le dis, la vie - mais une vie effrayante de fièvre et d'épilepsie. Et sur ces deux misères un jour, j'espère, se lèveront Les Aubes où je mettrai tout ce que j'ai de rêve apaisé et compatissant dans le coeur et dans le cerveau.[123]

Les critiques n'ont prêté attention, ni à l'article de Krains, ni à la réaction de Verhaeren.[124] Et pourtant, c'est le message fondamental de la trilogie qui s'y exprime.

On n'est guère étonné de trouver chez un collaborateur de La Société Nouvelle une attitude si compréhensive vis-à-vis de la trilogie sociale. L'engagement politique, dont cet article fait preuve, est bien conforme à l'idéologie de cette revue. Il est tout à fait naturel aussi que les critiques de La Jeune Belgique, organe conservateur qui combat assidûment l'art social, soient si rebutés par le même message. Comme l'a montré Herman Braet, Verhaeren est la bête noire des critiques belges au cours de ces années, et non seulement à cause de son engagement social: à partir de la publication de son premier recueil on ne cesse de le harceler, lui reprochant sa langue tourmentée qui révèle, selon les adhérents de l'art pour l'art, une ignorance profonde de la langue française.[125] Verhaeren n'est pas insensible à cette hostilité du climat littéraire: dans un article publié dans L'Art Moderne dès 1887, il souscrit aux sévères jugements sur la Belgique, exprimés par Baudelaire à la suite d'un séjour dans ce pays. "Malheureusement bien de ses critiques sont cruellement vraies", constate Verhaeren, "et nous le savons plus que personne, nous qui travaillons en exil, dans ce pays, sans jamais sentir le cri de notre labeur nous revenir en échos multipliés".[126]

Jules Destrée attaque à La Chambre des Représentants cette attitude méprisante vis-à-vis de l'art novateur: à certaines occasions, les membres de La Chambre n'ont même pas hésité à ridiculiser un poète comme Maeterlinck. Dans L'Art Moderne, on cite sa critique, et on en   la conclusion suivante: "La Belgique est, pensons-nous, le seul pays d'Europe où le mépris des lettres soit aussi profond. En fait d'art, on ne protège ici que quelques peintres, visiteurs assidus des antichambres ministérielles, et quelque cancres d'académies. Les lettres? /.../ Elles sont accueillies aux Chambres par des éclats de rire".[127]

Est-ce à cause de cette attitude peu accueillante qu'à cette époque bien des écrivains et des peintres quittent la Belgique pour Paris? Pendant de longues périodes, Théo van Rysselberghe, Lemonnier et Rodenbach s'installent à Paris et Verhaeren s'y rend fréquemment. Ses relations avec Huysmans lui donne accès aux mardis de Mallarmé au cours des années 1880; en 1895 il fait à Paris un long séjour, invité par Viélé-Griffin et par Régnier. Les nombreuses lettres que lui adresse Mallarmé à cette époque témoignent de son estime sincère pour la poésie verhaerenienne. C'est après avoir reçu un exemplaire des Campagnes hallucinées "ce livre admirable", que

Mallarmé - maître incontestable aux yeux de Verhaeren - lui écrit cette
lettre élogieuse, où il constate: "Vous êtes arrivé à cette heure, dans la
vie de l'artiste, qui est la parfaite, où ce qu'il fait et lui ne sont qu'un;
plus de magnifique effort dans un sens ou l'autre, tout, établi, aisé.
Après tant d'études qui touchèrent au prodige, votre oeuvre maintenant devient votre façon d'être, ingénieusement autre que de la littérature".[128]

"Emile Verhaeren est une des plus fortes imaginations de notre temps et
un savant et inventif écrivain", constate Henri de Régnier dans La Revue
Blanche à propos des Villages illusoires. Dans le même article, il loue
brièvement "cette fulgurante et complexe pièce de "La Ville" par laquelle
s'ouvrent Les Campagnes hallucinées.[129] Et tandis que dans La Jeune Belgique
on s'indigne, à propos de "La Bourse", de voir Verhaeren "manier l'harmonie
imitative, réduite pour ainsi dire à l'onomatopée, avec la frénésie d'un
Nyam-Nyam qui a bu de l'alcool",[130] Robert de Souza constate dans Gil Blas,
à propos du receuil dont ce poème fait partie: "Nul avant Verhaeren n'avait
su rendre sans déchéance le spectacle coutumier de nos villes. Baudelaire
peut-être en des pages rares. Mais tous les autres avaient versé dans un
réalisme sec, étriqué ou bas. Et nul avant Verhaeren n'avait vers ces scènes
apocalyptiques dit l'entraînement des foules campagnardes en des pareilles
marches chantées".[131]

"Paris fait oser et Bruxelles éteint le peu de flamme qu'on trouve en
soi", écrit Verhaeren à Georges Khnopff, lors d'un séjour à Paris. "Je suis
de plus en plus décidé à me fixer un jour ici".[132]

En 1899, Verhaeren s'installe à Paris.[133]

III.   VILLES D'ECHANGES ET DE PROGRES - <u>LES VISAGES DE LA VIE, LES FORCES</u>
<u>TUMULTUEUSES, LA MULTIPLE SPLENDEUR, LES RYTHMES SOUVERAINS, LES</u>
<u>FLAMMES HAUTES</u>

Si, en composant sa trilogie, Verhaeren s'était en premier lieu inspiré de
la crise sociale belge, ainsi que de son contact avec les socialistes du
pays, les recueils suivants trahissent une source d'inspiration bien différente. Ce n'est plus la misère de la société industrielle qui constitue le
centre des poèmes: ils expriment au contraire le profond optimisme qui
domine certains milieux européens au début du XXe siècle. Croyance au progrès, aspirations coloniales, visions d'une Europe puissante, centre du
monde - voilà quelques tendances caractéristiques de cette époque, tendances
auxquelles la Grande Guerre mettra une brusque fin. Comme beaucoup d'autres
écrivains et intellectuels, Verhaeren se laisse influencer par l'enthousiasme
qui se manifeste au cours de la première décade du siècle. Aussi la dernière phase de sa poésie est-elle dominée par l'idée d'une Europe unie,
centre de progrès et d'activités glorieuses: les titres mêmes des poèmes
révèlent à quel point cette vision le préoccupe. Dans <u>Les Forces tumultueuses</u>
ainsi que dans <u>La Multiple Splendeur</u>, nous trouvons un poème portant le
titre "La Conquête"; "Ma race" dans <u>Les Forces tumultueuses</u> et "L'Europe"
dans <u>La Multiple Splendeur</u> chantent la suprématie des pays européens; la
lutte et la science sont glorifiées dans des poèmes comme "La Joie" et
"L'Action" (<u>Les Visages de la vie</u>), dans "Les Villes" (<u>Les Forces tumul-
tueuses</u>), dans "L'Effort" (<u>La Multiple Splendeur</u>) et dans "Les Machines" des
<u>Flammes hautes</u>. Les titres des recueils donnent une idée, eux aussi, de
l'activité énergique et de l'optimisme qui y sont traduits. Les recueils
cités renferment cette glorification de la grande ville moderne que la plupart des critiques ont voulu voir déjà dans <u>Les Villes tentaculaires</u>, et
ce chapitre vise à montrer que la nouvelle attitude du poète à l'égard de
la civilisation urbaine est étroitement liée au climat intellectuel européen
de l'époque.

Le pays qui est le plus intéressant à ce sujet est la France, puisque
vers la fin du siècle, Paris devient le domicile de Verhaeren. Même s'il
ne perd pas contact avec les milieux intellectuels belges, son changement
de résidence aura pour conséquence que ses contributions aux revues littéraires belges se feront de plus en plus rares. C'est dans les revues françaises que paraissent désormais ses articles. A partir des dernières années

du siècle, L'Ermitage, le Mercure de France, La Plume et La Revue Blanche
ouvrent leurs colonnes à Verhaeren.

Verhaeren et son époque

Lorsque les critiques analysent là conception artistique qui est celle de
Verhaeren à l'époque où il compose ces recueils, si élogieux pour l'existence
moderne, ils ont souvent recours à l'enquête, faite par Charles Vellay et
Georges Le Cardonnel en 1905 dans le Mercure de France. Verhaeren y expose
ainsi ses idées sur la poésie:

> La poésie me semble devoir aboutir prochainement à un très clair
> panthéisme. De plus en plus les esprits droits et sains admettent
> l'unité du monde. Les anciennes distinctions entre l'âme et le corps,
> entre Dieu et l'univers, s'effacent. L'homme est un fragment d'archi-
> tecture mondiale. Il a la conscience et l'intelligence de l'ensemble
> dont il fait partie./.../ il fait une oeuvre colossale qu'il super-
> pose à celle des temps; il devient en quelque sorte, à force de
> prodiges, ce Dieu personnel auquel ses ancêtres croyaient.[1]

Enid Starkie attribue une grande importance à ce passage et surtout au concept de panthéisme. Consacrant tout un chapitre de sa thèse au panthéisme
verhaerenien, elle le considère comme la nouvelle religion du poète: "Il se
précipita de plus en plus dans cette foi qui devint sa religion entière, la
religion qu'il avait cherchée péniblement toute sa vie et qui maintenant lui
donne l'ivresse de se sentir vivre et d'être un homme".[2] Le panthéisme de
Verhaeren serait donc le fruit des réflexions profondes d'un homme à la
recherche d'une foi. Même si elle ne nie pas que d'autres poètes aient subi
l'influence des idées panthéistes, Starkie attribue à Verhaeren une place
bien prépondérante: "Verhaeren a été le plus panthéiste des poètes depuis
Goethe; peu d'artistes ont pénétré plus profondément que lui le sens de
notre vie collective".[3]

Dans sa thèse, L'élément germanique dans l'OEuvre d'Emile Verhaeren,
(1935), Huberta Frets examine également le rôle de cette philosophie dans
la pensée et dans la poésie de Verhaeren, soulignant que l'écrivain est
fortement influencé par le panthéisme, "tel que Spinoza l'a conçu".[4]

En analysant la foi du poète dans les forces collectives et dans l'unité
du monde, si évidente dans la dernière partie de son oeuvre, certaines questions se posent inévitablement: dans quelle mesure Verhaeren a-t-il consacré
de profondes études au monisme d'Haeckel et au panthéisme de Spinoza? Et le

"panthéisme" de Verhaeren, est-il l'expression de son originalité ou est-il plutôt la manifestation de certaines tendances de son époque? Il est évident que Sussex s'est posé ces questions en étudiant la déclaration verhaerenienne, citée ci-dessus. Et il rend plus de justice au texte en plaçant dans ce contexte les lignes suivantes, faisant partie de la même interview:

> Le poète n'a qu'à se laisser envahir, à cette heure, par ce qu'il voit, entend, imagine, devine, pour que les oeuvres jeunes, frémissantes, nouvelles, sortent de son coeur et de son cerveau. Et son art ne sera ni social, ni scientifique, ni philosophique: ce sera de l'art tout simple, tel que l'ont compris les époques élues où l'on chantait avec ferveur ce qu'il y avait de plus admirable, de plus caractéristique et de plus héroïque dans chaque temps. On vivra d'accord avec le présent, le plus près possible de l'avenir.

Sussex insiste sur ce document, mais non pas pour la même raison que E. Starkie: "Les nouvelles idées de Verhaeren sur l'homme sont moins un effort de synthèse intellectuelle que tout simplement un reflet des idées généreuses de l'époque".[5] Avec cette conclusion, il est sans doute plus près de la vérité que E. Starkie. A plusieurs égards, les recueils en question nous donnent justement l'impression d'avoir été écrits par un poète qui s'est laissé "envahir" par les idées de son époque. Comme le constate Sussex, Verhaeren "a toujours été l'homme de son milieu" et il le place dans "la direction générale de la pensée française"[6], c'est-à-dire parmi les poètes qui ont renoncé au pessimisme.

Que Verhaeren ait renoncé au pessimisme est hors de doute: la même enquête renferme un passage singulièrement révélateur à cet égard. Les lignes suivantes ne relèvent pas seulement cette attitude, mais nous renseignent aussi sur son "panthéisme":

> L'homme est un fragment d'architecture mondiale. Il a la conscience et l'intelligence de l'ensemble dont il fait partie. Il découvre les choses, il en limite le mystère, il en pénètre le mécanisme. Au fur et à mesure qu'il les pénètre, s'affirment et l'admiration de la nature et l'admiration de lui-même. Il se sent enveloppé et dominé, et en même temps il enveloppe et il domine: devant la mer qu'il vainc, il édifie les ports; sur les fleuves qu'il endigue, il érige les villes; pour explorer le ciel, il invente mille instruments merveilleux; pour connaître la matière et scruter son propre être, il organise les laboratoires.[7]

Ces lignes ne font que confirmer notre impression: Verhaeren, écrivain assez peu philosophe, se laisse facilement influencer par les idées répandues dans les milieux intellectuels de son époque. Dans une large mesure ce passage reflète aussi les positions prises par de nombreux contemporains du poète.

Comme l'indique Sussex, bien des poètes affichent leur retour à la vie vers la fin du siècle, et il cite comme exemple La Louange de la Vie (1898) par le belge Max Elskamp, La Clarté de la Vie (1898) par Francis Viêlê-Griffin et Le Triomphe de la Vie (1902) par Francis Jammes, ouvrages qui sont tous une expression de leur confiance dans les possibilités de l'homme moderne. "Culte de l'existence, découverte de la beauté de la vie quotidienne, morale de l'énergie, optimisme, panthéisme" - voilà comment résume Michel Décaudin la définition que donna Ernest-Charles des vitalistes et de l'esprit des hommes de 1900.[8] Au cours de cette période Verhaeren exprimera à maintes reprises, dans ses articles ainsi que dans ses poèmes, l'enthousiasme qui le remplit au spectacle de la vie de son temps.

Un témoignage éloquent de la fascination qu'exerçaient sur Verhaeren les différentes manifestations de l'ère moderne est la série d'articles sur l'Exposition de 1900 qu'il écrivit pour le Mercure de France.[9] Les grandes expositions mondiales - surtout celles de 1889 et de 1900 - attiraient à Paris des foules de curieux, qui y admiraient les progrès de la science.[10] En 1900, plus de 50 millions de personnes visitaient Le Champ de Mars, dont les immenses halles en fer et en verre exposaient des inventions comme l'automobile, le cinéma et le télégraphe. Ainsi que le constate Raymond Rudorff, cette exposition - une des plus grandes du monde - avait un double but: elle n'était pas seulement destinée à manifester la grandeur de la France par rapport à d'autres nations - on voulait aussi en faire une célé- bration gigantesque et internationale du progrès dans toutes les branches de l'art et de la science, manifestation qui servirait également à l'uni- fication des nations européennes.[11]

Il est évident que Verhaeren est fortement impressionné par l'atmosphère bouillonnante qui domine L'Exposition de 1900, et il voit dans les efforts humains, dont elle est une expression si concrète, une source d'inspiration tout à fait exceptionnelle. C'est dans l'activité inlassable de l'homme que réside l'héroïsme de son temps - au poëte de changer cette activité:

> Lorsque, à la veille du 15 avril, Paris frémissait d'une furie de travail effrayant que tous les chantiers du Champ de Mars et des Invalides peinaient à crier, et que la nuit semblait être un incendie, quel poëte ne s'est senti tout à coup emporté en ces malstroems d'efforts, de sueurs, de cris et d'ahans vers des profondeurs d'art non encore touchées?[12]

A la clôture de L'Exposition, Verhaeren souligne également la puissance unificatrice de "cette ville de plâtre et de fer (qui) a régné sur la terre telle qu'une force bienfaisante". Tandis que l'on se battait dans des

contrées lointaines "la ville parlait de mutualité et de concorde", idée
qui gagna "la planète entière", constate-t-il.

C'est donc avec une extrême confiance que Verhaeren regarde maintenant
les possibilités de la grande métropole, symbole même de "la beauté multi-
forme et colossale de cette heure de siècle, le plus beau des siècles
humains".[13] Au cours des années suivantes, Verhaeren exprimera à plusieurs
reprises son enthousiasme pour les inventions techniques, qui révolutionnent
le globe. D'une façon presque miraculeuse, l'homme de son époque réussit à
réduire de plus en plus les distances entre les pays: en 1899, le premier
télégramme est envoyé d'Angleterre en France - par la suite, les Européens
apprendront vite par leurs journaux ce qui se passe dans les pays étrangers.
D'autre part, le développement extrêmement rapide des moyens de transport
- de 104 000 kilomètres en 1875 le réseau ferroviaire passe à 359 000 kilomètres en 1913 - et la construction des tunnels dans les Alpes, contribuent
considérablement à faciliter les contacts entre pays étrangers. Cette évolution rapide dans le domaine technique ne fait que prouver, selon Verhaeren,
que l'homme est devenu tout-puissant: "Il a refait la terre", constate-t-il
orgueilleusement dans sa conférence sur La Multiple Splendeur en 1909.
Faisant allusion aux nouvelles inventions comme l'avion et le télégraphe,
il évoque l'image d'un homme en train de recréer entièrement son univers:
"Il corrige les continents, il trace des chemins sous les fleuves et sous
la mer, il unit les Océans". Sa foi en la puissance humaine semble à cette
période illimitée:

> Jamais, je le veux croire, l'activité, la force, le génie et la
> splendeur humaine n'ont rayonné comme aujourd'hui. Si la religion
> n'est que l'idéal s'adaptant aux pensées maîtresses d'une époque,
> quoi d'étonnant qu'à cette heure du monde, l'homme s'attribue à
> soi-même toutes les possibilités de puissance qu'il attribuait à
> Dieu, jadis?

Le même texte révèle à quel point Verhaeren est impressionné par les expéditions qu'organisent les pays européens sur des continents lointains.
Grâce aux Européens, "il n'y a quasi plus de pays inconnus". Puisque les
trains et les navires permettent aux hommes de se déplacer avec une vitesse
toute nouvelle, les barrières entre nations s'effacent de plus en plus.
"Nous vivons d'une vie universelle", constate-t-il, tout en soulignant la
supériorité de l'Europe:

L'Europe, avec ses races les plus parfaites qui s'essaimèrent
en Océanie et en Amérique, préside à cette formidable métamorphose
de l'univers. Elle colonise partout. Elle est présente en Asie et
en Afrique; elle éduque les peuples mineurs. /.../ (elle) prépare
lentement l'avènement d'une conscience plus claire, commune à tous. [14]

Ces lignes montrent nettement l'attitude qu'adopte Verhaeren à l'égard des
tendances colonialistes de son temps. Comme bien de ses contemporains, il
est fasciné par l'expansion coloniale, qui selon lui, est dictée par des
idées humanitaires, et à l'instar d'autres écrivains de cette époque, il
saisit l'occasion de faire part de cette conviction dans ses écrits.

L'expansion coloniale qui fut une expression de l'essor capitaliste de
la fin du XIXe siècle attirait depuis bien des années déjà l'attention des
intellectuels. En 1876, Léopold II de Belgique avait convoqué à Bruxelles
une conférence internationale de géographie dans le but de réunir les spé-
cialistes du continent africain, et ceci pour "combiner les efforts, tirer
parti de toutes les ressources". [15] Le roi voulait ainsi sous le sceau de
raisons purement humanitaires envoyer des expéditions en Afrique-il en
soulignait surtout l'importance scientifique ainsi que la nécessité d'arrêter
la traite des Noirs auquel se livraient les Arabes. Comme on le sait, ses
efforts ne devaient pas rester sans résultat: en 1885, Léopold II fut
reconnu souverain-propriétaire de L'Etat indépendant du Congo.

Léopold ne fut pas le seul à signaler le but humanitaire de la colonisation. En France et en Angleterre, on insistait également sur l'importance
de la mission coloniale. C'est surtout à partir des années 1880, sur
l'initiative du ministre Jules Ferry, que les Français commencèrent à
accroître considérablement leurs possessions coloniales: en 1881, Tunis
devint protectorat français, en 1884 la conquête du Tonkin et de l'Aman
agrandit le territoire de l'Indochine française. Avec l'expansion de ses
domaines coloniaux, la France voulait regagner son influence politique,
diminuée dans la guerre franco-allemande de 1870. C'est la Grande Bretagne,
dont l'empire colonial était depuis longtemps établi, qui servait de modèle
aux autres nations européennes.

L'expansion coloniale et les intellectuels

Il est évident qu'un grand nombre d'intellectuels - écrivains, journalistes,
scientifiques et professeurs - s'engagent dans la politique colonialiste:
soulignant le rôle civilisateur de l'Europe, voyant dans l'expansion

coloniale une expression du progrès et considérant les colonisateurs comme
les apôtres de l'humanité, ils apportent leur adhésion à l'impérialisme.
Ils trouvent leur inspiration dans certaines idées fort répandues à l'époque:
glorifiant l'action et l'héroïsme, regardant l'Europe comme supérieure aux
autres parties du monde, ils découvrent dans la puissance de volonté de
Nietzsche,dans ses visions d'une caste future de bons Européens ainsi que
dans son surhomme, la confirmation de leurs pensées. Et dans le darwinisme
social, interprété par Ernst Haeckel, entre autres, les impérialistes, re-
vendiquant le droit du plus fort, trouvent une justification à leur idéal.

Un grand nombre de documents de cette période reflètent l'attitude des
intellectuels vis-à-vis du colonialisme. Dans son ouvrage The Expansion of
England (1883), l'historien John Robert Seeley constate que la Grande
Bretagne est prédestinée à régner sur tous les territoires susceptibles
d'être colonialisés. A travers son oeuvre, Rudyard Kipling répète la même
idée. En France aussi se manifeste nettement l'intérêt que prennent les intellectuels pour la colonisation. Pierre Jourda examine dans L'Exotisme dans
la littérature française depuis Chateaubriand (tome II, 1956), les différents
aspects de cet enthousiasme pour les terres lointaines, enthousiasme qui
s'exprime dans la littérature par un "exotisme colonial" dont les précurseurs
sont Jules Verne et Louis Boussenard, suivis par Pierre Loti. Une revue
géographique comme Le Tour du Monde tient le public au courant des voyages
d'exploration: à partir des années 1860, cette revue, comme aussi certaines
oeuvres littéraires, met à la mode le personnage de l'explorateur. Mais les
Français cherchent aussi dans la littérature étrangère des modèles. Les
nombreuses traductions des ouvrages de Kipling témoignent de l'intérêt
que l'on porte en France à cet écrivain; dès 1899, Le Livre de la Jungle
paraît en français, et en 1902, on traduit son roman Kim. Les frères Marius
et Ary Leblond, journalistes et auteurs de plusieurs romans coloniaux, ne
cessent de louer son oeuvre, invitant leurs confrères à suivre son exemple.
La grande qualité de ces ouvrages réside, selon eux, surtout dans le fait
qu'ils incitent à l'action: "La lecture de Kipling nous communiquera la
force expansive qui est nécessaire à se distribuer en généreuses activités,
la force expansive, ivre de se répandre en belles villes, ainsi qu'en son
poème "Le Chant des Cités" Bombay, Calcutta, Madras, Hong-Kong, Cape-Town,
Auckland et Melbourne".[16]

Le poème, auquel les Leblond font allusion,[17] est publié en mars 1902
dans Pages libres, revue aux idées socialistes.[18] Il évoque à tour de rôle

les grandes villes du globe, reliées entre elles, et vante leurs richesses.
Les cités lointaines symbolisent l'aventure et la fortune. La ville de
Calcutta se présente ainsi:

> Moi, je suis celle qu'aima le capitaine de la mer; le fleuve m'a
> faite. - La fortune m'a recherchée, des rois ont risqué leur vie
> pour me posséder./.../ Je suis l'Asie. Puissance bâtie sur le vase.
> - Je tiens la mort dans mes mains, mais aussi l'or!

Ce sont les tendances expansionnistes qui dominent ce poème, tant admiré
par ses lecteurs français. Capetown "rêve d'un Empire vers le Nord. - Par
les rocs, les landes et les pins. Oui, un seul pays - de la Tête du Lion à
l'Equateur" et dans la dernière strophe, Kipling souligne orgueilleusement
la supprématie de l'Angleterre, qui offre sa protection salutaire aux
peuples mineurs:

> Parlez-vous, l'un à l'autre, en frères, face à face.
> Ce sera pour le bien de vos peuples et pour l'orgueil de la Race
> Et nous échangerons des promesses. Tant que nous serons du même sang.

Un ouvrage qui nous renseigne particulièrement bien sur l'attitude qu'affichent de nombreux intellectuels vis-à-vis du colonialisme est L'Anthologie
coloniale, publiée en 1906 par Marius et Ary Leblond. L'ouvrage constitue un
mélange étrange d'extraits d'oeuvres littéraires, qui côtoient des articles
et des récits, portant sur le colonialisme. Cette anthologie a un but
précis qui est indiqué dans l'introduction: les Leblond veulent montrer
que le colonialisme n'est pas une exploitation scandaleuse, comme le pré-
tendent certains journalistes. Même s'ils ne nient pas que certaines injustices ont été commises à l'égard de la population, ces quelques erreurs
sont à leurs yeux inévitables, et, somme toute, pas si graves:

> s'il est vrai que, comme tout progrès, elle (l'expansion coloniale)
> provoque d'abord bien des morts, parfois des crimes/.../ c'est à
> les diminuer que l'on doit employer tout son effort/.../ sans nul
> doute il y a eu des fonctionnaires coloniaux qui ont commis des
> actes très répréhensibles, mais un grand nombre se sont montrés des
> hommes doux, intelligents et artistes.[19]

Aux yeux de tous ceux qui participent à l'anthologie, le colonisateur est
un héros: on est convaincu que l'Europe a une haute mission à remplir dans
les pays lointains. Eugène-Melchior de Voguë formule cette pensée? "L'Europe
a la conscience d'accomplir un grand devoir, encore plus que de réaliser une
opération fructueuse".[20]

En fait, bien peu d'écrivains français réagissent contre l'expansion coloniale. A l'exception de Charles Péguy, qui attaque le comportement de l'armée française dans les territoires d'outre-mer et d'Anatole France qui voit dans l'entreprise coloniale une véritable barbarie, on accepte et on exalte le colonialisme.[21] Le trait le plus frappant chez ces écrivains et artistes, désireux de voir l'Empire s'aggrandir, est, chez plusieurs d'entre eux, la conscience des injustices sociales en Europe alors qu'ils ferment les yeux sur les méfaits commis par les Européens dans les colonies. Les frères Leblond illustrent bien cette attitude complexe: leur engagement dans la question coloniale ne les empêche pas de publier en 1909 l'ouvrage Peintres de races, dont un chapitre traite de l'art social en Belgique et surtout de celui des deux peintres Léon Frédéric et Eugène Laermans. Il est évident qu'ils admirent sincèrement "cet art humanitaire" qui "s'est inspiré directement de la foule en sympathie profonde et vaste". Ces écrivains signalent aussi des parallèles entre certains tableaux de Laermans et Les Campagnes hallucinées de Verhaeren: c'est "l'exode d'un peuple de misère" que les deux Belges ont voulu peindre dans leurs oeuvres, constatent-ils.[22] En outre, les mêmes écrivains examinent longuement dans le Mercure de France les idées progressistes et l'engagement social de Leconte de Lisle.[23]

Dans son ouvrage Europe in the age of imperialism 1880-1914 (1969), Heinz Gollwitzer a remarqué la même complexité idéologique chez certains hommes politiques libéraux et socialistes: tout en travaillant pour les réformes sociales, ils mènent une politique nettement impérialiste. Il constate aussi qu'avec les socialistes, les impérialistes constituent l'élément dynamique de leur époque: ils sont la force motrice de leur temps.[24] Mais cette puissance dynamique provoque aussi des réactions. En Angleterre, le mouvement ouvrier critique sévèrement le comportement des impérialistes dans les colonies d'outre-mer. En France aussi, les projets coloniaux soulèvent de vives protestations dans les milieux politiques, mais la raison n'en est pas en premier lieu humanitaire: on réagit surtout contre les frais énormes exigés par les campagnes menées dans les contrées lointaines, sommes qui auraient pu servir à la libération des provinces, annexées par l'Allemagne. En Belgique, les activités de Léopold II ne provoquent pas immédiatement de réactions. Dans ses mémoires, Souvenirs d'un militant socialiste (1939), Vandervelde essaie d'expliquer l'indifférence que les socialistes affichent tout d'abord envers l'exploitation coloniale: la gauche, trop engagée dans la campagne pour le suffrage universel, ne proteste pas tout de suite contre les projets royaux.[25] Ce n'est qu'à partir de 1902 que, en Belgique, la colonisation du Congo devient une question vraiment brûlante et que les socialistes comprennent l'importance d'une action immédiate, dirigée contre les abus de la royauté. Quelques années plus tard, les Européens indignés commencent à attaquer l'exploitation scandaleuse, mise en oeuvre par Léopold.[26]

Analyse des poèmes citadins

La vision citadine dans la dernière partie de l'oeuvre de Verhaeren met l'accent sur la confiance en l'avenir et sur les tendances colonialistes, qui dominent certains milieux à cette époque. "En ce siècle d'échange et de vitesse /.../ toute grande ville de l'univers résume cet univers lui-même", constate le poète en 1900.[27] Nous sommes loin ici de sa ville-pieuvre. Dans l'atmosphère dynamique que traduit cette partie de son oeuvre, la grande ville occupe une place prépondérante, comme elle le faisait dans sa trilogie sociale, mais elle se manifeste sous un jour sensiblement différent: alors qu'elle reflète les conflits politico-sociaux dans la trilogie, elle exprime dans ces poèmes le perfectionnement qui, selon Verhaeren, caractérise l'ère moderne.

La grande cité n'est plus un monstre anonyme, comme elle l'était auparavant, c'est un être attirant qui porte un nom. Le poète, plein d'enthousiasme, cite, tout comme Kipling, le nom de grandes villes du monde entier, Glasgow, Hambourg, Vera Cruz et Buenos Aires, noms qui ont un caractère presque magique dans sa poésie. L'accumulation de ces noms, si fréquente dans ces recueils, révèle à quel point le poète est fasciné par les cités du globe, mais elle veut aussi montrer que Verhaeren ne voit plus de barrières entre les continents: les peuples de la terre sont désormais unis, et les grandes villes servent de liens entre eux.

C'est dans la poésie citadine de cette période que se manifeste le plus nettement sa croyance dans les forces collectives. Loin de regarder la ville avec dégoût comme dans la trilogie sociale, Verhaeren s'identifie avec elle, considérant comme héros tout homme qui participe aux activités de la grande cité moderne. C'est ainsi que le surhomme, figurant dans son oeuvre sociale sous forme de tribun, de penseur et de chercheur, est complété ici partoute une série d'hommes hardis - colons, capitaines et aventuriers - expressions de la même catégorie d'homme: le conquérant. Les idées de Nietzsche, en vogue à cette époque, ont donc nettement influencé le poète. De même, l'ouvrier est présenté sous un tout autre aspect: victime de l'industrialisme dans la trilogie sociale, il est dans ces poèmes transformé en un individu puissant et libre, nécessaire au progrès.

Cette nouvelle conception de l'homme et de la vie citadine est liée au changement d'attitude que Verhaeren manifeste vis-à-vis du capital. Comme dans son oeuvre sociale, l'or constitue ici le coeur même de la ville, mais la puissance du capital n'a plus le caractère effrayant qu'elle avait auparavant. Malgré ses côtés rebutants, l'or est représenté comme l'origine des transformations merveilleuses du globe. C'est l'essor capitaliste qui est la force motrice de la conquête de l'espace; grâce à l'or, on multiplie les moyens de transports et on envoie des expéditions dans les régions inexplorées.

Comme ce nouvel aspect de l'or est une des expressions les plus signi-ficatives du changement que subit la vision citadine dans l'oeuvre de Ver-haeren, nous l'examinerons dans ce chapitre à partir de "La Conquête" de La Multiple Splendeur. Ce poème insiste sur la puissance du capital et réunit plusieurs des caractéristiques essentielles de cette phase de la poésie citadine: glorification des trains et des navires, exaltation non seulement du savant mais de l'ouvrier, fascination des inventions techniques, enthousiasme pour les conquêtes, et, implicitement pour les conquérants. L'idée que se fait le poète des activités citadines et de la condition ouvrière sera illustrée par ce dernier poème, par "Vers le futur" des Villes tentaculaires, par "L'Effort" de La Multiple Splendeur et par "Le Tunnel" des Flammes hautes. La vision du "surhomme", si fréquente dans cette partie de l'oeuvre de Verhaeren sera analysée dans des poèmes comme "La Conquête" des Forces tumultueuses, "Les Idées" et "Les Penseurs" de La Multiple Splendeur. Ces deux derniers poèmes développent d'ailleurs des idées, déjà exprimées dans Les Villes tentaculaires, où Verhaeren a montré sa foi dans la science. La révolte, autre aspect positif qu'il a vu dans la vie citadine de ce même recueil, reviendra également dans plusieurs poèmes: la vision révolutionnaire sera illustrée ici par "L'Utopie" des Forces tumultueuses, ainsi que par "La Cité" des Rythmes souverains. La joie qu'inspirent au poète les inventions techniques s'exprime dans "La Conquête" des Forces tumultueuses, dans "L'Or" des Rythmes souverains, dans "La Ville Nouvelle", ainsi que dans "Les Machines" des Flammes hautes. Il abordera aussi les moyens de communications dans "L'En-Avant" des Forces tumultueuses, "Les Attirances" des Rythmes souverains et "Sur les Quais" des Flammes hautes, poèmes qui traduisent la fascination qu'exercent sur le poète les trains et les navires à cette époque.

Les Forces tumultueuses - recueil de transition

Entre la poésie sociale et les derniers recueils, Les Forces tumultueuses
constituent une étape de transition. On devine ici encore une attitude
critique à l'égard de la société de l'époque, et, par là, certains poèmes
révèlent qu'ils ont été conçus plusieurs années avant la publication du
recueil. C'est pourquoi un poème comme "Le Banquier", mettant en relief la
puissance dévastatrice du capital a été examiné dans le même contexte que
"La Bourse" des Villes tentaculaires. D'autres poèmes sont plus complexes:
ils évoquent la bestialité de l'existence citadine, mais finissent toujours
par insister sur les possibilités grandioses qui résident dans la grande
ville. C'est ainsi que "L'Utopie" débute par une peinture du travail industriel, qui est bien parente à celle des "Usines" des Villes tentaculaires,
et qui se distingue nettement du décor citadin, typique des derniers recueils:

> Monuments noirs carrant leur masse, en du brouillard!
> Le naphte en torches d'or y brûle au fond des caves:
> Des corps mi-nus, des torses roux, des bras hagards,
> S'y démènent, parmi les fontes et les laves
> Dont les rouges ruisseaux brûlent les os du sol.
> Le clair effort humain, vers la rage, y dévie.

Dans ce poème, comme dans "Les Usines", le travail a un aspect de criminalité
et de folie. L'ouvrier est un être exploité, mais la fin du poème nous
apprend que sa situation n'est pas aussi désespérée que dans Les Villes
tentaculaires. Le peuple a ici sa "force nouvelle" à laquelle ne résistera
pas le système établi. Et la vision d'un homme, devenu tout-puissant après
avoir renié les dieux est celle qui domine les derniers recueils verhaereniens:

> Simple, serein, puissant et droit
> Dans le cirque géant des forces familières,
> L'homme organisera sa vie aventurière.

De même, "Les Villes" de ce recueil commencent par mettre l'accent sur la
corruption des grandes cités "par l'or putride, envenimées" et l'atmosphère
citadine qui y est dépeinte nous est connue des Villes tentaculaires: c'est
le même effroi, la même bestialité et la même corruption qui dominent la

vision citadine. Mais comme "L'Utopie", ce poème se termine dans l'enthousiasme: "L'homme dans l'univers n'a qu'un maître, lui-même".

Comme le constate André Beaunier dans son ouvrage La Poésie Nouvelle
(1902), Les Forces tumultueuses marquent l'évolution du poète des Villes
tentaculaires. Beaunier, qui voit dans la trilogie sociale l'image "dans
toute son horreur de la ville dévorante",[28] trouve dans Les Forces tumultueuses "un élan nouveau vers de nouvelles destinées". Et il continue:

> Deux caractères y sont à noter: l'optimisme et le modernisme.
> Cela ne veut pas dire que Verhaeren renonce à sa façon épique
> et tragique de voir les choses; mais l'optimisme et le tragique
> se concilient dans une exaltation supérieure, dans un amour
> passionné de la vie.[29]

Dans La Multiple Splendeur, cette "façon tragique de voir les choses"
disparaîtra.

"La Conquête" de la Multiple Splendeur

Un poème qui nous renseigne particulièrement bien sur l'évolution du poète
est "La Conquête" de La Multiple Splendeur. Ce poème qui renferme plusieurs
éléments, figurant également dans l'oeuvre sociale, révèle nettement que
l'attitude du poète vis-à-vis de la vie citadine a profondément changé.
L'activité fiévreuse des villes n'a ici rien de tragique, et le citadin
n'est plus cet être tracassé qu'il l'était dans Les Villes tentaculaires.
Ce n'est pas non plus la criminalité du capital qui prédomine ici. Le poète
lui attribue une valeur tout à fait nouvelle.

Ce long poème est groupé en sept strophes, dont les trois premières
forment une unité, évoquant les trains et les vaisseaux, qui relient les
villes du globe. Les trois strophes suivantes montrent la puissance du
capital, et la dernière strophe insiste sur la fonction nouvelle de l'or.

Le poème commence par un vers mis en relief à la manière d'un titre,
annonçant l'atmosphère fiévreuse qui dominera "La Conquête": "Le monde est
trépidant de trains et de navires". Les vers suivants soulignent le rythme
haletant et la présence universelle des moyens de transport:

> De l'est à l'ouest, du sud au nord,
> Stridents et violents
> Ils vont et fuient;
> Et leurs signaux et leurs sifflets déchirent
> L'aube, le jour, le soir, la nuit;

Et leur fumée énorme et transversale
Barre les cités colossales;
Et la plaine et la grève, et les flots et les cieux,
Et le tonnerre sourd de leurs roulants essieux,
Et le bruit rauque et haletant de leurs chaudières
Font tressaillir, à coups tumultueux de gongs,
Ici, là-bas, partout, jusqu'en son coeur profond,
La terre.

C'est surtout par le bruit que les trains et les navires manifestent leur
présence constante, impression qui est fortement soulignée par des effets
sonores comme l'allitération et l'insistance sur la voyelle i: (stridents,
signaux, sifflets). Mais les trains et les navires font aussi une forte
impression visuelle, entourant les villes gigantesques de leurs fumées.

Malgré leur intensité, ces vers ne provoquent pas un effet rebutant:
La deuxième strophe montre combien les moyens de communication sont le
fruit d'efforts ingénieux et persévérants. Malgré leur vacarme, les trains
et les navires sont l'expression du progrès humain:

Et le labeur des bras et l'effort des cerveaux
Et le travail des mains et le vol des pensées,
S'enchevêtrent autour des merveilleux réseaux
Que dessine l'élan des trains et des vaisseaux,
A travers l'étendue immense et angoissée.
Et des villes de flammes et d'ombre, à l'horizon,
Et des gares de verre et de fonte se lèvent,
Et des grands ports bâtis pour la lutte ou le rêve
Arrondissent leur môle et soulèvent leurs ponts;
Et des phares dont les lueurs brusquement tournent
Illuminent la nuit et rament sur la mer;
Et c'est ici Marseille, Hambourg, Glascow (sic) et Anvers
Et c'est là-bas Bombay, Syngapore (sic) et Melbourne.

Les savants et les ouvriers unissent leurs efforts pour tirer profit des
inventions techniques, maîtrisant ainsi les vastes régions inexplorées. Et
c'est la grande ville qui est le centre de ces activités collectives; c'est
dans les grandes cités que les conquêtes du globe sont projetées. Les am-
bitions de l'homme moderne s'expriment d'une façon concrète par les gares
gigantesques qu'il bâtit ainsi que par les ports immenses qu'il construit.
Grâce aux trains et aux navires, il peut communiquer avec le monde entier:
les derniers vers de la strophe évoquent, - d'une façon bien caractéristique
de ces poèmes - les grandes cités du globe, à la fois exotiques et
proches.

L'accumulation des noms de ville sert à mettre en relief le sens global
qui caractérise le poème. La strophe suivante ne fait que renforcer cette

impression: Verhaeren y glorifie les expéditions lointaines qui rapportent
en Europe des produits exotiques:

> O ces navires clairs et ces convois géants
> Chargés de peaux, de bois, de fruits, d'ambre ou de cuivre
> A travers les pays du simoun ou du givre,
> A travers le sauvage ou torpide océan!
> O ces forêts à fond de cale, ô ces carrières
> Que transporte le dos ployé des lourds wagons

Ni le froid, ni la chaleur, ni les dangers de l'océan ne rebutent les participants de ces entreprises risquées. A la recherche des "marbres dorés plus
beaux que des lumières" et des "minéraux froids plus clairs que des poisons",
les marins rapportent "du Cap, de Sakhaline ou de Ceylan" des trésors, convoités par les Européens.

C'est l'or qui dirige toutes ces activités: dans les strophes suivantes,
Verhaeren dépeint la puissance de l'or en des termes qui marquent une certaine ambiguïté:

> O l'or! sang de la force implacable et moderne;
> L'or merveilleux, l'or effarant, l'or criminel.

Le poète est à la fois fasciné et dégoûté par l'or: les adjectifs "effarant"
et "criminel" montrent sa réticence. Et c'est avec nostalgie qu'il évoque la
pureté qui caractérisait l'or sous l'ère pré-capitaliste:

> Jadis l'or était pur et se vouait aux dieux.
> Il était l'âme en feu dont fermentait leur foudre.
> Quand leurs temples sortaient blancs et nus de la poudre,
> Il en ornait le faîte et reflétait les cieux.

Dans l'Antiquité, l'or ne provoquait pas de combat entre les hommes: ils
s'en servaient comme offrande. Et Verhaeren fait allusion aux Chants de
Nibelungen et à Siegfried, surveillant sans convoitise des trésors. La
fonction de l'or dans le passé diffère sensiblement de celle d'aujourd'hui;
les vers suivants forment un contraste frappant avec le passage cité plus
haut:

> /.../aujourd'hui l'or vit et respire dans l'homme
> Il est sa foi tenace et son dur axiome,
> Il rôde, éclair livide, autour de sa folie;
> Il entame son coeur, il pourrit sa bonté;

Si nous retrouvons dans ces vers certains aspects de "La Bourse" et du
"Banquier", les trois vers suivants - fortement mis en relief, puisqu'ils

forment une strophe à part - indiquent que le poète a nettement changé
d'attitude:

> Pourtant c'est grâce à lui
> Que l'homme, un jour, a redressé la tête
> Pour que l'immensité fût sa conquête

Le caractère essentiel du capital n'est donc pas ici la corruption, comme
il l'était dans les poèmes antérieurs. Les vers cités nous fournissent
l'explication de ce revirement assez étonnant: fasciné par la conquête dans
toutes ses formes, Verhaeren cherche à trouver des excuses à la corruption
capitaliste, qu'il a dénoncée dans son oeuvre sociale. Le poème se termine
par une effusion lyrique qui exalte la puissance de l'or: c'est l'or qui
rend possible l'expansion de l'Europe. Comme il le fait dans ses articles,
Verhaeren regarde dans sa poésie l'Europe comme le centre du monde:

> L'Europe est une forge où se frappe l'idée.
> Races des vieux pays, forces désaccordées,
> Vous nouez vos destins épars, depuis le temps
> Que l'or met sous vos fronts le même espoir battant;

Aux yeux de Verhaeren, l'Europe est un "immense cerveau", qui domine le
globe par ses inventions. Le télégraphe, "les métaux conducteurs de rapides
paroles", ne laisse aucune contrée échapper à la domination europénne. Car
l'Europe est forte et unie, et c'est l'espoir inspiré par l'or qui a provoqué
cette union. Les pays européens travaillent maintenant pour un but commun:
aussi les activités des ports, des chantiers et des usines dans leurs
grandes cités n'ont-elles plus rien de tragique. Elles servent de lien entre
les peuples. Le "travail géant serre en tous sens ses noeuds", et c'est
l'or qui est à l'origine de toutes ces activités humaines:

> C'est l'or de vie ou l'or de mort, c'est l'or lyrique
> Qui contourne l'Asie et pénètre l'Afrique;
> C'est l'or par delà l'Océan, l'or migrateur
> Rué des pôles blancs vers les roux équateurs,
> L'or qui brille sur les gloires et les désastres,
> L'or qui tourne, autour des siècles, comme les astres;
> L'or unanime et clair qui guide, obstinément,
> De mer en mer, de continent en continent,
> Où que leur mât se dresse, où que leur rail s'étire,
> Partout! l'essor dompté des trains et des navires.

Le caractère incantatoire de ces vers nous laisse deviner que Verhaeren est
influencé par l'esprit colonisateur de son époque et qu'il est bien conscient
du mécanisme de l'expansion coloniale. L'or a conquis le globe entier,

subjuguant tous les continents, influençant inévitablement la destinée
humaine. Puissance active et inexorable, l'or décide la route des trains et
des navires, instruments indispensables de l'impérialisme: il est évident
que Verhaeren est impressionné par ce spectacle.

La différence fondamentale entre "La Bourse" des Villes tentaculaires
et un poème comme "La Conquête" réside dans la présentation du capital
omnipotent. Dans le premier poème, la puissance dévastatrice du capital est
le feu qui gagne la bourse entière. L'or se présente comme une malédiction
inévitable, invitant les hommes à des spéculations qui aboutissent à la
faillite. Et le poème des Villes tentaculaires souligne le cynisme des
opérations financières, qui ravagent des pays même éloignés.

Dans "La Conquête", l'or est transformé en un sang vivifiant, image
dont Verhaeren se sert à plusieurs reprises. Même si le capital "entame
son coeur", l'homme n'est plus sa victime. C'est grâce à l'or que l'humanité
évolue et que les Européens sont capables d'explorer les parties inconnues
du monde. Nous verrons par la suite que Verhaeren ferme les yeux sur les
côtés rebutants de l'impérialisme, en se servant d'arguments qui rappellent
ceux des Leblond.

Cette glorification du capital ne constitue pas un phénomène isolé. Dans
"L'Or" des Rythmes souverains, Verhaeren souligne encore la nouvelle fonction qu'il voit dans le capital. C'est par une image, pareille à celle
employée déjà dans "La Bourse" que le poète évoque la souveraineté du capital.
Comme dans ce poème, sa puissance se manifeste d'une manière concrète par
la représentation d'un monument gigantesque, placé dans un carrefour, et
dominant, non seulement la ville, mais le globe entier:

> Et tout là-bas, au coin d'un carrefour géant,
> Du haut de tes grands toits, oeillés de vitres rondes,
> Tu règnes, de pôle en pôle, sur l'Océan,
> Toi, la banque, âme mathématique du monde.

Mais dans ce poème, ce n'est pas - comme dans "La Bourse" - la folie des
spéculateurs qui domine l'image du capital: tous s'inclinent devant
"L'orgeuil froid" de la banque. Par ses calculs et par son sang-froid, elle
domine hommes et continents. Et la fin du poème, qui constitue une véritable
invocation à l'or, peint les qualités que Verhaeren lui attribue maintenant:

> Or, échange et conquête; or, verbe universel;
> Sève montant au faîte et coulant aux racines
> De forêt en forêt, comme un sang éternel.
> Or, lien de peuple à peuple à travers les contrées,
> Et tantôt pour la lutte, et tantôt pour l'accord,
> Mais lien toujours vers quelque entente inespérée
> Puisque l'ordre lui-même est fait avec de l'or.

Puisque c'est l'or qui unit les peuples, il faut l'accepter - voilà le message des vers cités ci-dessus.

Bien entendu, la place de l'or dans la poésie verhaerenienne est trop importante pour passer inaperçue. Aussi plusieurs critiques discutent-ils la signification de cet élément dans son oeuvre, mais sans se rendre compte de l'évolution qu'il subit: en discutant la présence de l'or dans la poésie de Verhaeren, Jos. de Smet juxtapose dans le même passage deux vers de "La Bourse", six vers du "Banquier" et trois vers de "L'Or", ceci pour illustrer la tendance qu'il a trouvée dans ces trois poèmes. Selon lui, le lecteur comprend aisément l'intention du poète:

> ayant compris que c'est l'or qui de sa fièvre bat toutes les têtes et soulève tous les bras de l'Europe et des Amériques, il s'est décidé, pour provoquer de nouvelles conquêtes, à réhabiliter l'or maudit, l'or putride, l'or criminel.[30]

Avec la vision terrifiante du capital dans "La Bourse" et dans "Le Banquier" Verhaeren n'a nullement voulu "réhabiliter" l'or. La caractéristique, faite ci-dessus par de Smet, est donc valable pour "L'Or" seulement.

La vision du travail: les forces collectives

Comme il le fait dans ses articles, Verhaeren glorifie constamment dans ses poèmes l'intensité dramatique de la vie moderne, intensité qui culmine dans les grandes villes. Dans la dernière partie de son oeuvre, la vie citadine est tout à fait libérée de cet aspect cauchemardesque qui caractérise la cité de son oeuvre sociale. Cette acceptation totale de la vie urbaine est également caractéristique de "Vers le futur" des Villes tentaculaires, le poème qui fut ajouté à l'édition de 1904. L'attitude que Verhaeren y adopte à l'égard de la ville révèle que "Vers le futur" n'a pas été composé à la même époque que sa trilogie sociale - c'est pourquoi ce poème sera analysé ici.

Avec des poèmes comme "La Recherche" et "Les Idées" des Villes tentacu-

laires, Verhaeren avait déjà exprimé un certain optimisme vis-à-vis de
l'avenir de l'humanité. Dans "Vers le futur", le poète esquisse une utopie
qui est en train de se réaliser, et elle est associée à la grande cité:
la ville lumineuse de "Vers le futur" est un centre intellectuel qui
engendre un meilleur monde:

> Et c'est vous, vous les villes,
> Debout,
> De loin en loin, là-bas, de l'un à l'autre bout
> Des plaines et des domaines,
> Qui concentrez en vous assez d'humanité
> Assez de force rouge et de neuve clarté,
> Pour enflammer de fièvre et de rage fécondes
> Les cervelles patientes ou violentes
> De ceux
> Qui découvrent la règle et résument en eux
> Le monde.

La foi inébranlable dans les forces collectives, concentrées dans la cité
moderne, est ce qui domine "Vers le futur": on constate ici que l'opposition
entre la ville et la campagne, évoquée en des termes si dramatiques dans
les autres poèmes des Villes tentaculaires, est supprimée dans ce poème.
La campagne est ici vaincue par la ville, et Verhaeren ne semble pas
regretter l'agonie des champs:

> L'esprit de la campagne était l'esprit de Dieu;
> Il eut la peur de la recherche et des révoltes,
> Il chut; et le voici qui meurt, sous les essieux
> Et sous les chars en feu des nouvelles récoltes.

Les vieilles traditions - symbolisées ici par la campagne - ne sont pas à
leur place dans une société en pleine transformation. Il est intéressant de
constater que dans "Vers le futur", l'usine n'est plus le symbole effrayant
de la société industrielle - Verhaeren l'associe au contraire au progrès de
l'homme moderne:

> L'usine rouge éclate où seuls brillaient les champs;
> La fumée à flots noirs rase les toits de l'église;
> L'esprit de l'homme avance et le soleil couchant
> N'est plus l'hostie en or divin qui fertilise.

Voyant maintenant dans le travail industriel une expression du progrès
humain, Verhaeren n'en est plus amené à démontrer la condition lamentable
des ouvriers: il est significatif qu'au lieu de l'ouvrier opprimé, à
plusieurs reprises évoqué dans Les Villes tentaculaires, nous retrouvons ici
des hommes, pleins d'initiative:

> Héros, savant, artiste, apôtre, aventurier
> Chacun troue à son tour le mur noir des mystères
> Et grâce à ces labeurs groupés ou solitaires,
> L'être nouveau se sent l'univers tout entier.

En insistant ainsi sur les côtés exclusivement positifs de la vie urbaine, Verhaeren montre que ce ne sont pas en premier lieu les problèmes sociaux qui le préoccupent. Avec sa glorification des "héros" de l'ère moderne, avec son enthousiasme prononcé pour les possibilités de la grande cité, ce poème révèle une source d'inspiration bien différente de celle des autres poèmes de son oeuvre sociale. En analysant Les Villes tentaculaires, les critiques n'ont pas prêté attention au fait que ce poème ne figure pas dans sa première édition. Il est bien probable que "Vers le futur", le poème le plus optimiste des Villes tentaculaires, a influencé leur conception du recueil dans son ensemble.

Non seulement Verhaeren révèle dans ses derniers recueils qu'il accepte pleinement le rythme frénétique des "villes puissantes". "Ma Ville" des Flammes hautes prouve une identification complète du poète à la cité, comme le font plusieurs de ses poèmes de cette période. A partir de son premier vers - "J'ai construit dans mon âme une ville torride" - le poète ne fait qu'exalter cette ville "trépidante aux bruits de l'univers", où se prépare l'avenir. La vie citadine est profondément enivrante dans toute sa frénésie: c'est la lutte, l'union fructueuse des forces collectives et la victoire certaine qui caractérisent ici la ville:

> Oh! l'exaltante et brûlante atmosphère
> Que l'on respire en ma cité:
> Le flux et le reflux des forces de la terre
> S'y concentrent en volontés
> Qui luttent;
> Rien ne s'y meut torpidement, à reculons;
> Les triomphes soudains y broient sous leurs talons
> Les chutes;

Ces vers exaltés expriment d'une manière assez abstraite les activités que Verhaeren donne à la cité. Le dynamisme de la vie citadine se manifeste d'une façon plus concrète dans certains poèmes qui décrivent le travail qui se poursuit dans la ville. Nous retrouvons ici les mêmes catégories de travailleurs que dans Les Villes tentaculaires, mais leur situation n'est pas la même. Dans "L'Etal" des Villes tentaculaires, "ceux des bureaux et des bazars" étaient des êtres "loués" ou "vendus", cherchant l'oubli dans la débauche: dans "L'Or" des Rythmes souverains, ils sont les fonctionnaires respectés d'un emploi important:

> Guichets, comptoirs, bureaux, sous vos abat-jours verts
> Avec vos mille mains griffant la page blanche,
> Vous consignez la vie illuminant la mer
> Des Antilles au Cap et du Cap à la Manche;
> Vous resserrez la force énorme entre vos doigts,
> Et le courage humain se nombre sous vos plumes.

Ce sont les fonctionnaires de l'époque moderne qui dirigent les activités dans les mines, dans les forêts et dans "les brousses", et qui surveillent l'itinéraire des caravanes, envoyées dans les pays lointains. Leur influence s'étend partout et leurs livres s'imprègnent de "l'immense sueur" qui coule en Asie et en Afrique.

C'est pourtant dans un autre domaine que le changement d'attitude de Verhaeren se manifeste le plus nettement. De nombreux poèmes montrent qu'il se fait maintenant une toute autre idée de la condition ouvrière. Dans ces recueils l'ouvrier n'est pas aliéné par son travail, et il n'est pas non plus asservi à la machine: il est devenu son maître. Loin d'être une malédiction qui pèse sur lui, son travail lui permet de participer à une action grandiose, qui prépare la victoire de l'humanité. Par conséquent, la démarcation entre le travail manuel et le travail intellectuel, si manifeste dans les poèmes sociaux, est ici abolie: toute activité est glorifiée.

Cette nouvelle image de l'ouvrier se dessine particulièrement bien dans "L'Effort" de La Multiple Splendeur, poème qui commence par une apostrophe, adressée aux travailleurs héroïques de toute époque:

> Groupes de travailleurs, fiévreux et haletants,
> Qui vous dressez et qui passez au long des temps
> Avec le rêve au front des utiles victoires,
> Torses carrés et durs, poings violents et forts,
> Marches, courses, arrêts, violences, efforts,
> Quels mobiles contours de gestes méritoires
> Votre cortège immensément inscrit dans ma mémoire!

L'activité fiévreuse des ouvriers ne donne aucun caractère tragique au poème: elle n'est pas dictée par un système industriel immonde, mais par l'idée d'un avenir meilleur que les ouvriers préparent. Et la puissance qui réside dans cet homme nouveau s'exprime par son corps presque sculptural: l'ouvrier est devenu le héros de l'époque moderne.

Dans les strophes suivantes, Verhaeren évoque le labeur de plusieurs travailleurs manuels - paysans, marins, mineurs et batteurs de fer - qui tous participent, "puissants et fraternels", dans cet "oeuvre éternel" qu'est le travail. C'est l'union de toutes ces forces qui permettra à l'homme de créer un univers nouveau:

> Ces bras, ces mains unis à travers les espaces
> Pour imprimer quand même à l'univers dompté
> La marque de l'étreinte et de la force humaines
> Et recréer les monts et les mers et les plaines,
> D'après une autre volonté!

La vision d'un ouvrier vigoureux qui participe avec joie au travail universel est frappante aussi dans "Le Tunnel" des Flammes hautes, long poème
qui glorifie les constructions ferroviaires dans les Alpes. Dans cette image
extrêmement idéalisée du travail manuel, le labeur est transformé en fête:

> L'entrain, comme un caillou, sur les groupes ricoche.
> Légers sont les fardeaux et dociles les pioches.
> Les muscles sont heureux de roburer les corps
> Et de se contracter pour bander chaque effort.
> On chante en transportant d'énormes blocs de schiste.
> Le travail devient fête et rien ne lui résiste.

Le surhomme

Par ses qualités, l'ouvrier est apparenté à d'autres personnages, peuplant
l'univers citadin de la poésie de Verhaeren pendant cette période. La grande
ville concentre en elle des hommes, actifs et libres, travaillant tous pour
le même but: celui d'émanciper l'humanité entière. Parmi ces créateurs d'un
monde nouveau, le conquérant occupe une place de tout premier ordre: il est
le nouveau surhomme de la poésie verhaerenienne. Comme le poète accepte
l'expansion coloniale de son époque, il admire profondément les instruments
de la politique expansionniste. Dans "La Conquête" des Forces tumultueuses,
déjà, nous trouvons une très nette expression de cette attitude:

> La terre est désormais, du Ponant au Levant,
> A la race qui l'explora jusqu'en ses astres
> /.../
> Et les voici portés, sur leurs vaisseaux, ces hommes,
> Dont l'âme fit Paris, Londres, Berlin et Rome,
> - Prêtres, soldats, marins, colons, banquiers, savants -
> Rois de l'audace intense et maîtres de l'idée
> /.../
> Si l'équité parfois au fond de leurs coeurs bouge,
> S'ils massacrent pour s'imposer et pour régner,
> Du moins réprouvent-ils le sang sur leurs mains rouges;
> /.../
> S'ils se vengent ici, ils pacifient, ailleurs;
> Ils sont du moins ce qui sur terre est le meilleur.

Comme dans "La Conquête" de La Multiple Splendeur, Verhaeren se montre ici
nettement influencé par les tendances impérialistes de son temps. C'est avec
une naïveté surprenante qu'il excuse - tout comme les Leblond - les injustices
commises par les colonisateurs européens, "meilleurs" que tout autre peuple.
Comme les Leblond qui louent "l'effort spontané de la France pour répandre
au dehors un génie si richement humain",[31] Verhaeren considère l'Européen
de son époque comme un missionnaire, destiné à éclairer les peuples indigènes.
A ses yeux il ne faut pas trop attaquer la brutalité des Européens puisque
tant de bienfaits la compensent.

Peu de critiques ont discuté les tendances impérialistes dans cette partie de l'oeuvre verhaerenienne. Sussex constitue une exception, voyant chez
Verhaeren cette "mentalité de conquistadore" (sic) dont "La Conquête" est
une nette expression. Il fait aussi remarquer que les notions impérialistes
dans sa poésie "ont dû étonner les collègues socialistes du poète",[32]
réflexion qui est bien justifiée. Rien ne laisse pourtant supposer que les
socialistes soient choqués par ces nouvelles tendances dans sa poésie. Les
mémoires de Vandervelde révèlent que les socialistes ne cessent jamais de
considérer Verhaeren comme un des leurs. En 1913, lors de la grève générale
en Belgique, Verhaeren comme "toute la fleur intellectuelle de la nation",
se range du côté de la classe ouvrière, constate Vandervelde.[33] Tout au
plus, on peut noter une certaine réticence de la part du leader socialiste
vis-à-vis de ces poèmes un peu exaltés. Vandervelde cite dans ses mémoires
certains vers du poème "L'Avenir" - poème avec lequel le poète contribuait
à "L'Album du 1er mai 1913", publié par les socialistes - et la citation
est précédée par cette remarque: "l'on ne comptera pas, à vrai dire, (ces
vers) parmi ses meilleurs, mais /.../ ceux qui l'ont bien connu retrouveront
les permanences de sa pensée".[34]

Même si le futur n'est pas aussi "éblouissant" aux yeux des socialistes
qu'il l'est pour Verhaeren - le poème dont parle Vandervelde respire un
profond optimisme - on trouve chez les premiers aussi une beaucoup plus
grande confiance dans l'avenir qu'auparavant. Dans l'article "Le Siècle des
Ouvriers", publié en 1901 dans Le Mouvement socialiste, Vandervelde témoigne
de la confiance qu'inspire aux socialistes l'évolution technique et politique
de leur temps: l'exploitation capitaliste ne doit pas "nous faire perdre de
vue les côtés grandioses et féconds de la transformation qui s'opère sous
nos yeux, depuis vingt-cinq ans; par le fer et par le feu, c'est la conquête
du monde qui s'achève, c'est la politique mondiale qui succède à la politique
des nationalités", constate-t-il.

Dans une large mesure, nous retrouvons donc chez les socialistes la même foi optimiste: il est probable que le ton de la poésie verhaerenienne ne les a guère étonnés. Et ils passent sous silence les tendances impérialistes de ses poèmes.

Il est d'ailleurs significatif que nulle part dans la trilogie sociale, Verhaeren n'esquisse l'image du conquérant: la seule exception est "Vers le futur"; mais pour les raisons, exposées ci-dessus, ce poème sort du cadre des Villes tentaculaires. Les "héros" et les "aventuriers" qui y sont évoqués sont nettement apparentés au surhomme que Verhaeren ne cesse de chanter dans la dernière partie de son oeuvre.

Si dans ces poèmes le conquérant est le surhomme dynamique et puissant, les savants représentent la science et les découvertes. Plus encore que dans Les Villes tentaculaires, la cité est ici le centre de la recherche et du progrès, et les penseurs, "ouvriers exaltés de la vie" sont les nouveaux dieux de l'humanité.

C'est "Les Penseurs" de La Multiple Splendeur qui nous offrent le tableau le plus détaillé des activités scientifiques par lesquelles Verhaeren est si fasciné. Comme le poème "Les Idées" appartenant au même recueil, celui-ci montre des villes, entourées d'idées vivifiantes, infusant un sang nouveau à la vie citadine:

> Villes au bord des mers, cités au pied des monts,
> Leur tumulte essoré remplit vos horizons;
> Sur vos dômes luisants et sur vos frontons sombres
> Vous les sentez immensément gronder dans l'ombre.
> Parfois quelque penseur au front battant,
> A coups d'éclairs et de génie,
> En note et en surprend pour quelque temps,
> En ses livres, les harmonies.

La ville est dans ce poème pénétrée par des idées qui se manifestent d'une manière aussi concrète que l'orage. Et c'est au penseur d'interpréter le message de ce "grondement" qui traverse la ville. Aux yeux de Verhaeren, la science est une vaste architecture, dressée par "l'immortelle ardeur des chercheurs". Et il spécifie dans ces vers les chercheurs des différentes branches scientifiques: "au coeur de pavillons en verre", les chimistes analysent la matière, ferment par ferment, les minéralogistes explorent les "cristaux profonds" des monts, les médecins scrutent "les artères du coeur et les nerfs des cervelles", les archéologues reconstruisent l'existence des peuples anciens, et les philosophes, "cerveaux armés pour un oeuvre éternel", soumettent le monde aux lois de la logique. Dans ce poème, un

véritable culte est voué au génie: les chercheurs sont pareils à des titans,
saccageant par leurs efforts héroïques le monde et l'infini. La fin du poème
ne fait que souligner la forte admiration du poète pour les savants et les
chercheurs:

> Ne sont-ils point admirables à tout jamais,
> Eux qui fixaient à leurs flèches d'argent pour cibles
> Les plus hauts points des problèmes inaccessibles,
> Et qui portaient en eux le grand rêve entêté.
> D'emprisonner quand même, un jour l'éternité,
> Dans le gel blanc d'une immobile vérité?

Mais la capacité intellectuelle, concentrée dans la ville, ne se manifeste
pas seulement par le progrès scientifique: comme dans la trilogie sociale,
la ville contient dans ces recueils un germe aussi positif et aussi efficace
que la recherche scientifique - celui de la révolte. Car malgré les muta-
tions de la vision citadine, malgré les changements d'attitude à l'égard
des différentes manifestations de la vie urbaine, Verhaeren n'abandonnera
jamais sa position vis-à-vis de la révolte: comme dans Les Flambeaux noirs
et dans Les Villes tentaculaires, il souligne dans ces poèmes la nécessité
de la révolte et il glorifie le tribun.

Tout comme dans Les Aubes, le tribun est dans ces poèmes le héros révolutionnaire par excellence, et il appartient à la catégorie de surhommes, qui
est si frappante dans cette partie de l'oeuvre verhaerenienne. Dans "Le
Tribun" des Forces tumultueuses, nous reconnaissons ainsi facilement le
héros principal des Aubes: "têtu, puissant, altier,/Serrant en lui, dites,
quels noeuds de force", il est également apparenté au conquérant. Et le
tribun, et le conquérant possèdent des qualités qui les distinguent de la
"foule" ou des "peuples mineurs". Aux yeux de Verhaeren, le colonisateur
et le révolutionnaire ont tous les deux la même importance pour l'évolution
de l'humanité: il est évident qu'il ne voit pas de contradiction entre leurs
idéologies.

La révolte

Un témoignage de l'importance que Verhaeren attribue encore vers la fin de
sa vie à la révolte est la préface qu'il écrit pour La Chanson des Mendiants
(1910) de J.F. Louis Merlet. C'est à propos du ton révolutionnaire de ce
recueil qu'il fait la remarque suivante:

(Le livre) est plein de bonté, mais d'une bonté active qui veut
conquérir la justice. Les rouges révoltes qui balafrent l'histoire
apparaissent comme des marques héroïques sur le visage millénaire
du temps. Elles sont nécessaires et quelques fois urgentes, puisque sans elles, l'iniquité pourrait croire qu'elle est, elle-même,
l'ordre.

Même attitude donc qu'à l'époque où il créa sa trilogie sociale - et pourtant il y a entre les deux phases de son oeuvre une différence assez marquée:
tandis que dans l'oeuvre sociale, l'acte révolutionnaire est un spectacle
bouleversant, à la fois enivrant et effrayant, les aspects violents de la
révolte ont dans ses dernières poésies cédé la place à une vision plus
abstraite du mécanisme révolutionnaire dans l'évolution de l'humanité. Il
est significatif que dans ces poèmes, la révolte est vue sous une perspective temporelle un peu différente de celle des premiers poèmes: ici, le
moment de révolte appartient le plus souvent au passé, comme l'illustrent
les vers suivants, tirés de "La Cité" des Rythmes souverains:

    Un jour, en des jardins qu'avaient ornés les rois,
    Avec des mains en sang fut bientôt vendangée
    La vigne formidable où mûrissent les droits.
    En vain les vieux décrets et les antiques lois
    Repoussaient vers la nuit la justice insurgée
    La révolte eut raison des coupables pouvoirs.

Comme il le faisait dans son oeuvre sociale, Verhaeren ne cesse ici
d'attaquer la corruption d'un système judiciaire qui est l'instrument impitoyable du régime oppresseur. C'est sous une image extrêmement forte
qu'il critique dans "L'Utopie" des Forces tumultueuses la justice de l'ordre
établi:

    Textes creusés en labyrinthes d'épouvante,
    Textes pareils à des couteaux, textes serrés
    Comme des dents, textes faussés, textes tarés,
    Toute la mort sournoise y comprime la vie:
    /.../
    Les mots y sont maîtres et rois - et les mots tuent!

C'est la révolte de la foule qui mettra fin à ce système corrompu: "Une
heure brève et folle - et puis la délivrance". L'utopie, esquissée dans ce
poème est donc associée l'idée de la révolte: c'est elle qui permettra
au "peuple entier" de s'engager "en des chemins de paix et d'harmonie".
Dans les poèmes de ses derniers recueils, Verhaeren souligne également que
la révolte est une arme constructive et indispensable, "une heureuse et
vivace nécessité". Même à l'époque où il semble s'intéresser assez peu aux

problèmes sociaux, Verhaeren voit donc toujours dans l'acte révolutionnaire
un moyen de créer un monde meilleur: une fois la société ébranlée, "la
boiteuse équité" et "les vieux usages" sont toujours mis en question:

> Depuis lors, la révolte habite et vit en nous
> Et nous chauffe le coeur avec sa sourde flamme.[35)]

L'ambiance citadine - les inventions modernes

Puisque maintenant Verhaeren admire si sincèrement la grande ville, il n'est
guère surprenant que les aspects extérieurs de sa cité, dans les recueils
traités ici, se distinguent à plusieurs égards de ceux qui caractérisent sa
ville tentaculaire. Toute une série d'éléments, destinés dans la trilogie
à souligner la misère de la grande ville, disparaissent de l'image citadine
à partir des Visages de la vie. Les usines, couvertes de suie, les faubourgs
délabrés, peuplés par des gens en haillons, les quartiers sombres et vicieux
du port, les bars tentateurs, attirant les malheureux, tous ces phénomènes
n'existent plus. Après la trilogie sociale, la misère, la prostitution et
l'alcoolisme ne sont plus mentionnés dans la poésie de Verhaeren, ce qui
souligne encore la différence entre cette partie de son oeuvre et celle qui
suit. Les détails concrets de la vision citadine de cette dernière partie
ont une fonction précise: ils servent à mettre l'accent sur la vie dynamique
de la grande ville moderne.

La production journalistique de Verhaeren révèle à quel point le poète
est fasciné par les transformations du paysage citadin. Dès le début des
années 90, il avait marqué de l'intérêt pour l'architecture de la grande
cité. Dans une conférence sur l'art, donnée en 1890, il constate que "les
progrès de l'architecture sont nuls en ce siècle, si on les compare aux in-
novations introduites dans la peinture". A cette occasion, il signale qu'il
connaît le débat sur le rôle que les ingénieurs jouaient dans les constructions modernes. Qui sont les vrais créateurs des édifices en fer et en
verre, les ingénieurs ou les architectes? C'est la question que l'on se
posait en voyant construire les gares et les magasins, monuments de la
deuxième moitié du siècle. Verhaeren n'hésite pas à désigner les ingénieurs
comme les novateurs - "les seuls progrès ont été réalisés non pas par les
architectes, mais par des ingénieurs", constate-t-il - et il montre un
certain optimisme à l'égard des nouvelles constructions: "un nouvel art
sortira peut-être de l'emploi de nouveaux matériaux, car c'est en architecture

La gare St. Pancras de Londres

surtout que la matière commande la forme".[36]

Si l'on note à cette époque chez Verhaeren une certaine réticence à l'égard de l'extérieur citadin, il n'en est pas du tout ainsi dix ans plus tard. Ici encore, ce sont les articles, écrits à l'occasion de L'Exposition de 1900, qui nous renseignent le mieux sur le changement d'attitude du poète à l'égard de la civilisation urbaine. Scandalisé une dizaine d'années auparavant de ce que la grande ville avait de monstrueux, il glorifie maintenant les proportions colossales de la cité moderne, en rendant hommage à ses constructeurs:

> C'est le grandiose, le puissant, l'immense qui nous doit séduire.
> C'est la jeunesse dans la force, l'audace et même la folie qui
> nous doit tenter./.../ grâce aux industries nouvelles, grâce au
> fer souple, hardi, élastique et résistant, c'est la forêt autant
> que la montagne /.../ avec ses lianes légères et folles dont
> l'image fourmillante hantera les constructeurs.

Verhaeren ne se cache pas le danger qui réside à ériger dans les vieux quartiers parisiens des édifices, choquants dans leur modernité: "Comment raccorder, sans écraser ceux-là, les nouveaux aspects de Paris aux aspects anciens"? se demande-t-il, avec une certaine anxiété. On constate pourtant que c'est avec un enthousiasme prononcé qu'il accepte certaines constructions, souvent jugées trop prétentieuses par les visiteurs contemporains. "Le dessous de la Tour Eiffel est une merveille", constate-t-il, et à propos du Grand Palais, il fait remarquer que ses constructeurs ont réussi à marier la pierre au fer.

Dans la foule fourmillante qui peuple la ville, il ne voit plus rien de tragique. Elle n'est plus formée d'individus, vaincus par la société industrielle: la foule, élément plutôt décoratif, anime et vivifie le paysage urbain, en faisant oublier ce que les nouveaux quartiers ont de stérile:

> (la foule) anime de ses masses bariolées les avenues, les terrasses,
> les esplanades. Elle meuble ce que les décorations violentes, les
> rampes, les perrons et les barrières ont laissé de vide dans un
> rassemblement monstrueux de pierres, de fer et de plâtras. /.../
> La foule est belle, gaie, vivante. Elle respire en ses millions
> de vagues, qu'elle régularise elle-même quand elle est calme. Rien
> n'est plus beau que son rythme. Elle détient l'ordre instinctif et
> profond.[37]

Dans les poèmes verhaereniens de cette période, les allusions aux inventions nouvelles sont fréquentes. La télégraphie, qui figure dans "La Conquête" de La Multiple Splendeur, en est un exemple. Déjà dans Les Forces tumultueuses, Verhaeren se montre fasciné des possibilités, offertes par cette nouvelle invention:

> Un fil d'airain chargé de muettes paroles
> Vibre dans l'étendue - et les pensers s'envolent
> De l'un à l'autre bout de l'univers dompté.[38)]

Dans Les Flammes hautes, "La Ville Nouvelle" montre l'importance du télé-
phone qui relie les lieux éloignés entre eux: grâce à cette invention, les
distances n'empêchent plus les hommes d'apprendre ce qui se passe sur les
autres continents, et, par l'intermédiaire des journaux, les nouvelles sont
vite diffusées: "Mille journaux disséminent soudain/ La terreur ou le deuil,
la hâte ou la surprise". Il est évident qu'aux yeux de Verhaeren, les découvertes scientifiques sont l'expression de la toute-puissance de l'homme,
et surtout de celle des Européens. S'adressant à eux, le poète exprime ainsi
son admiration devant le progrès scientifique et les inventions nouvelles,
dont ils sont les créateurs:

> L'urgence d'innover vous étreint le cerveau;
> Et vous multipliez les escaliers mobiles
> Et les rampes et les paliers nouveaux.[39)]

Les découvertes techniques facilitent remarquablement l'existence des
hommes, surtout dans le domaine du travail. Dans "L'Or" des Rythmes souverains,
des treuils déplacent d'énormes blocs et de grands élévateurs ronflent dans
la poussière, transportant les cargaisons. Parfois même la technique remplace
entièrement l'homme, lui épargnant un labeur pénible. C'est le cas dans
"La Ville Nouvelle", poème qui peint la disparition de la ville ancienne
et la naissance de la cité moderne, dont les hautes maisons se dressent
comme des tours. Dans ce poème, l'ouvrier joue un rôle secondaire - ce sont
les machines, symboles du progrès, qui érigent cette ville nouvelle:

> Un treuil audacieux
> Semble lever jusqu'aux cieux
> D'énormes pierres, une à une;
> Et son câble d'acier luit aux feux de la lune;
> Et plus loin d'autres treuils monumentaux
> Règnent également de travaux en travaux,
> Et l'on entend dans l'ombre où de grands feux s'étagent
> Le bruitde cent marteaux monter jusqu'aux nuages.
> Un pan de ville est tombé là
> Dans la poussière et le plâtras
> Et gît à terre, sous la pluie:
> Sur le sol défoncé de l'un à l'autre bout
> Quelque vieux mur branlant s'est maintenu debout,
> Où zigzague un chemin de fumée et de suie.

Dans ces vers c'est la machine qui est le maître incontestable: elle exécute les projets les plus hardis, elle domine toute activité. Inexorablement, elle rase tout un quartier, dont la fumée et la suie nous font penser aux faubourgs de la ville tentaculaire. C'est avec une certaine nostalgie que Verhaeren se rappelle les gens "aujourd'hui morts (qui) ont aimé ces foyers". Mais il ne se cramponne pas au passé - une autre ville est en train de naître:

> Ainsi s'en va tout le passé
> Broyé, tordu et dispersé,
> Avec ses carrefours et ses vieilles ruelles,
> Et déjà monte et luit jusques à l'horizon,
> Toujours plus haut, l'orgueil des tours et des maisons,
> Bourdonnantes du bruit de leurs foules nouvelles.

La fascination qu'exerce sur le poète la technique nouvelle, se manifeste particulièrement bien dans "Les Machines" du même recueil. Ici, l'extérieur des machines a un aspect presque sensuel:

> Dites, connaissez-vous l'émoi
> De suivre et d'épouser avec vos doigts
> Les souples lignes
> Que font les fers et les aciers
> Et les mille ressorts et les mille leviers
> Des machines insignes?

Et les machines sont ici des êtres bienfaisants, elles ne sont pas comme dans "Les Usines" des monstres, écrasant l'ouvrier entre leurs mâchoires. Pourvues d'une volonté humaine, mais plus perfectionnées que les hommes, elles contribuent à former le destin de l'humanité:

> Car elles veulent, les machines.
> Ceux qui les ont faites, avec amour,
> Un jour,
> Leur ont donné le mouvement
> D'un coeur battant
> Au fond d'une poitrine;
> Ils leur ont imposé
> Le bond exact et le recul pour s'élancer
> Et pour saisir et soudain mordre:
> Elles trépident et se hâtent avec ordre.
> Leurs gestes sont plus sûrs que des gestes humains.
> Chaque effort vole au but comme un dard vers la cible,
> Si bien que leur travail complexe et inflexible
> Fait brusquement songer au travail du destin.

Les machines ne constituent plus une menace: puisqu'elles sont "l'homme infiniment multiplié", elles servent au contraire à l'affranchir, et leurs capacités semblent illimitées. Les nouvelles conquêtes de l'aviation témoignent de cette victoire de la technique:

> La machine, vers l'impossible, s'ingénie
> Et, sans crainte des cieux tonnants
> Un jour, comme un insecte énorme et bourdonnant,
> Hélice folle, aile tendue,
> Elle entre et vole et vire et fuit dans l'étendue.

La glorification de la machine dans la poésie française date du XIXe siècle. Comme l'a remarqué Grant, il y a des ressemblances entre l'attitude qu'affiche Maxime du Camp à l'égard de l'industrie et des inventions techniques et celle qui s'exprime dans certains poèmes de Verhaeren.[40] En 1852, du Camp publie dans La Revue de Paris un article, intitulé "Les Féeries de la science" qui constitue un véritable panégyrique des machines:

> Le travail est confié aux machines. Elles broient, elles déchirent,
> elles tissent, elles cardent, elles blutent, elles tordent, elles
> roulent, elles soulèvent, elles transportent. Pour elles, ni sueurs,
> ni défaillances, un jeu sûr, une précision automatique. Nos sens
> imparfaits encore ne peuvent connaître si la machine éperonnée à
> toute vapeur souffre et halète aussi, si le piston rugit de révolte,
> si la chaudière, lasse d'être chauffée à blanc, n'a pas le dessein
> d'éclater.

Même si la puissance des machines peut paraître effrayante, elle n'échappe pas au contrôle de l'homme. Et du Camp préconise d'autres conquêtes de la technique, invitant les poètes à chanter ces merveilles:

> Que les poètes ne s'apitoient pas, ce n'est pas la décadence,
> c'est la renaissance; ce n'est pas la nuit qui s'allonge en ténèbres,
> c'est l'aube qui se lève à l'horizon et déjà blanchit les sommets
> d'une civilisation plus parfaite.[41]

Victor Hugo, tant admiré par Verhaeren, est ébloui, lui aussi, par le progrès et par les inventions techniques. Aussi fasciné que Verhaeren l'est par l'avion, aussi enthousiaste est Hugo devant le ballon, qui a dans sa poésie une valeur symbolique tout en étant l'expression concrète des progrès techniques.

Pour les poètes qui exaltent les nouveautés techniques, la locomotive constitue un motif très fréquent. Du Camp lui consacre plusieurs poèmes, en soulignant l'importance du chemin de fer pour le progrès de l'humanité. Le belge André van Hasselt compose en 1859 "L'Etablissement des chemins de fer en Belgique", poème dominé par une atmosphère de confiance. Dans "Le Satyre" (La Légende des Siècles, 1859), Hugo fait de la locomotive le symbole du progrès.[42]

La glorification de l'évolution technique dans les poèmes de Verhaeren est donc précédée par une longue tradition poétique. Et pourtant ce n'est pas en premier lieu sous l'influence de ses prédécesseurs qu'il développe ce thème: ce sont les nombreuses découvertes scientifiques de son époque qui sont la source de son inspiration, comme elles le sont pour bien des poètes au début du siècle. Dans son article "Le machinisme dans la littérature contemporaine", Emile Magne montre clairement que pour des poètes comme Maurice Magre, Paul Adam et Maurice Leblond les machines sont un sujet poétique de première importance. Et il caractérise ainsi l'attitude de ses contemporains vis-à-vis de la machine:

> Personne, à cette heure /.../, n'envisage l'avenir sans la présence de l'adjutrice labourieuse. Elle est au premier plan dans les préoccupations des utopistes.[43]

Les communications

Dans "La Conquête" de La Multiple Splendeur, les trains et les navires, symboles des activités fructueuses des hommes, jouent un rôle primordial, ce qui est caractéristique des recueils traités. Dans la trilogie sociale, les moyens de communication ont souvent un caractère angoissant, effrayant comme la ville elle-même: "Les sifflets crus des navires qui passent/ Hurlent de peur dans le brouillard" et comme des serpents, les trains descendent sous terre, pour se montrer soudain "dans le vacarme et la poussière".[44] Dans l'opposition entre la ville et la campagne, si vivante dans la trilogie sociale, les trains constituent, avec les usines, l'expression la plus nette de la domination grandissante de la ville. Dans les derniers recueils, l'aspect menaçant des trains disparaît tout à fait:

> Jadis, on les voyait rouler presque avec crainte:
> Les boeufs fuyaient là-bas; les pigeons familiers
> Désertaient les recoins de leurs blancs colombiers;
> La mort semblait peser où pesait leur empreinte.
>
> Mais aujourd'hui leur va-et-vient, au long des champs,
> Fait à peine trembler le seuil d'une demeure,
> Et leur passage annonce aux travailleurs quelle heure
> Le jour qui marche et fuit jette au soir approchant.[45]

C'est dans un poème avec le titre significatif "L'en-avant" (Les Forces tumultueuses) que les trains sont dotés d'une nouvelle fonction. Ses premiers vers nous laissent deviner l'attraction, exercée par les trains:

> Devant le ciel nocturne, au bord de ma fenêtre,
> Ployant mon corps ardent sur l'espace et le bruit,
> J'écoute avec ma fièvre et j'absorbe, en mon être,
> Les tonnerres des trains qui traversent la nuit.

Les trains vomissent leur fumée, et leur vacarme déchire le silence profond, mais ce n'est pas leur aspect terrifiant qui domine le poème: par leur force et par leur élan, le poète se sent fort lui-même et il a l'impression de participer à l'accomplissement de l'humanité:

> O les rythmes fougueux de la nature entière
> Et les sentir et les darder à travers soi!

Cette identification du poète à la grande ville et aux forces qui résident en elle est plus prononcée encore dans "Les Attirances" des Rythmes souverains. C'est dans la grande cité tumultueuse que l'homme actif vit vraiment:

> Il se multipliait dans les foules, là-bas:
> Leurs gestes, leurs rumeurs, leurs voix, leurs cris, leurs pas,
> Semblaient, quand ils montaient, le traverser lui-même,
> Et les trains merveilleux, sur leurs routes de fer,
> Avec leurs bonds empanachés de vapeurs blêmes,
> Roulaient, et trépidaient, et sonnaient en ses nerfs,
> Si fort que son coeur jeune, ardent, souple et docile,
> Vibra, jusqu'au tréfonds, du rythme de la ville.
> Rythme nouveau, rythme enfiévré et haletant,
> Rythme dominateur qui gagnait l'âme entière
> Et entraînait en sa fureur les pas du temps!

Le flot humain, aussi turbulent et fébrile que dans la trilogie sociale, n'a ici rien de rebutant: l'homme anonyme se laisse entièrement absorber par la foule citadine. Les trains ne constituent pas seulement un beau tableau: ils résonnent dans son corps, lui imposent leur rythme. Le rythme forcené de la vie moderne est efficacement mis en relief dans les derniers vers cités ci-dessus, dont le point culminant évoque la fusion complète de l'individu dans la ville. Elément bien suggestif dans l'univers citadin, les trains ont aussi une valeur symbolique: ils expriment la communion de l'homme avec la grande cité moderne.

   Les navires ont une double fonction dans les recueils traités: ils reflètent l'extension du commerce et ils expriment la fascination qu'exercent sur le poète les pays exotiques. Le plus souvent, la grande ville a aussi un port, attirant les vaisseaux du monde entier: une strophe de "L'Or" des Rythmes souverains brosse une image vivante des activités des marins, venus des pays lointains. Les "cris gutturaux" et les "chansons barbares" des "Malais bronzés" et des "Arabes blancs" résonnent dans le port, faisant

de celui-ci un lieu de rencontre international. Déjà dans Les Flambeaux
noirs le port est le centre du commerce mondial, mais dans ce recueil c'est
la vanité du commerce qui est soulignée. Et tandis que dans "Le Port" des
Villes tentaculaires, les "steamers noirs" sont exempts de toute beauté,
les navires constituent dans "Sur les quais" des Flammes hautes un tableau
splendide:

> Comme du fond d'un pourpre et lumineux désert
> Sortaient de l'horizon marin les beaux navires
> Dont on n'apercevait d'abord que le grand mât,
> Mais qui montaient et grandissaient et s'exaltaient.

Dans le même poème, les expéditions maritimes ont un air de fête et d'aventure:

> Et les marins contaient les gestes fulguraux
> Des orages, là-bas, dans les nuits tropicales,
> Les vents qui jusqu'au ciel soulèvent le désert
> Et de Chypre à Batoum les caps et les escales
> Quand le parfum des fleurs voyage sur la mer.

Il n'y a pas de continent trop éloigné pour les marins, qui visitent les
cités d'Amérique, Le Cap et L'Orient, rapportant de ces contrées lointaines
des produits exotiques et mystérieux, "des coffrets ténébreux de cèdre et
de santal", des perles et des coraux, objets tant convoités par les
Européens.

Au début du siècle, les moyens de transport sont fréquemment évoqués
dans la poésie.[46] Frappés par la vie dynamique de leur époque, les écrivains
voient dans l'énorme croissance des moyens de communication une caractéristique essentielle de l'ère moderne et, inlassablement, ils chantent les
trains et les navires dans leurs poèmes. Un poète comme Guy Lavaud glorifie
les expéditions maritimes dans La Floraison des Eaux (1907), et Valéry
Larbaud, "le poète des wagons-lits", ne cesse d'évoquer les grands express
et les régions exotiques, maintenant accessibles aux Européens. Certains
poèmes de Larbaud expriment également ce sens "global", si caractéristique
des recueils examinés. Chez les unanimistes, fascinés par les trains, nous
retrouvons la même tendance: il est d'ailleurs significatif que plusieurs
d'entre eux - surtout Jules Romains et René Arcos - sont des admirateurs
fervents de la poésie verhaerenienne, comme le sont également Stuart Merrill
et Nicolas Beauduin.

Accueil de la dernière partie de l'oeuvre verhaerenienne

Tandis que des critiques comme E. Starkie et H. Fretz ont vu dans les
derniers recueils de Verhaeren l'expression d'une conviction panthéiste,
les contemporains du poète y ont reconnu l'attitude optimiste qu'adoptaient
à l'égard de la vie bien des écrivains européens de cette période. Un article, publié dans Les Feuilles de Mai en 1913 est significatif à cet égard.
Charles Vildrac y analyse les qualités de l'oeuvre de Walt Whitman qui a
fait tant de sensation dans les milieux littéraires français. Depuis des
années, les revues littéraires publiaient des traductions de ses poèmes;
en 1908, Léon Bazalgette publie son étude sur Whitman et, l'année suivante,
sa traduction des Feuilles d'Herbe, qui ne fait qu'attiser l'intérêt pour
ses poèmes. Constatant que c'est la gaîté, l'héroïsme, l'indépendance
et l'optimisme de sa poésie qui ont le plus frappé les lecteurs français,
Vildrac discute en quoi réside l'originalité de Whitman, et il conclut:

> Cette active participation à l'univers, cette attention et cette
> ferveur, ce don d'exprimer toute la vie non plus dans ses aspects
> extérieurs, mais pour ainsi dire "en profondeur", avec la même
> pénétration et la même certitude qu'on apporterait à s'exprimer
> soi-même, tout cela est dominant et volontaire chez Whitman, mais
> ne lui est plus particulier; ce semble caractériser les ouvrages
> les plus neufs et les plus riches de ce temps.
> Nous assistons à de merveilleuses rencontres qui attestent
> bien la présence, dans la même époque, de certains courants d'idées
> et d'émotions nouvelles, par delà les peuples et les langues. Par
> exemple, des créateurs qui paraissent, à certains points de vue,
> aussi éloignés les uns des autres que Dostoiewski, Kipling, Gorky
> et Verhaeren, bien qu'ils aient toujours ou longtemps ignoré
> Whitman, affirment avec lui, chacun avec les moyens de son génie
> propre, que tout doit se rapporter à l'ensemble du monde, à la
> vérité compacte du monde.[47]

Comme bien des écrivains de différents pays, Verhaeren est fasciné par le
spectacle du monde extérieur. Et il est influencé par les idées et par les événements de son temps plutôt que par une philosophie spécifique.

Dans la dernière partie de son oeuvre, c'est comme poète européen que
Verhaeren se présente à ses lecteurs contemporains. Dans son petit ouvrage
sur le poète, publié en 1907, Bazalgette montre combien Verhaeren, écrivain
"moderne, européen, universel" est en accord avec l'atmosphère de son époque,
atmosphère qui se caractérise par "le sentiment de vivre un recommencement
de l'humanité". Selon lui, c'est Verhaeren qui exprime le mieux cet optimisme
général qui traverse l'Europe: "Nul autre poète de langue française n'éveille
à l'heure présente, autant d'échos par à travers la grande conscience

européenne ou occidentale".[48]

Et Verhaeren lui-même est bien conscient des tendances, communes à tous les pays européens:

> L'Europe entière travaille, à cette heure, à quelques grandes idées qui sont ou seront la vie de demain/.../ L'Europe ne sera bientôt plus qu'un immense pays dont les nations actuelles seront les provinces et la variété continuera à bigarrer quand même cette vaste unité.[49]

Pour ceux qui ont vu dans la trilogie sociale la méfiance de Verhaeren à l'égard de la société de son époque, l'enthousiasme qui domine les recueils suivants paraît assez étonnant: comment peut-il accepter ici des phénomènes qu'il a condamnés dans les recueils précédents? Hubert Krains répond ainsi à cette question dans Portraits d'écrivains belges (1930):

> Comme penseur, Verhaeren est resté au niveau des esprits moyens de son époque, de ceux qui croyaient que l'homme était devenu tout-puissant, qu'il avait détrôné les dieux et que la science allait faire régner le bonheur et la fraternité sur la terre.

Et il voit chez Verhaeren une certaine naïveté, une trop grande confiance dans les idées de son époque:

> Il a épousé, sans les soumettre à /.../ aucune critique, tous les rêves et tous les espoirs de son siècle. Il ne semble pas avoir aperçu le principe de dissolution que contient la culture de l'énergie quand elle n'est appliquée qu'à la conquête des biens matériels.[50]

Il est probable que Krains a entièrement raison en considérant Verhaeren, non comme un penseur avisé, mais comme un poète qui se laisse facilement influencer par les idées de son temps. Ni sa trilogie sociale, ni les recueils, traités ici, ne sont le fruit d'études livresques poussées. Les idées, renfermées dans son oeuvre, reflètent les débats menés dans les cercles intellectuels, plutôt que de solides connaissances politiques et philosophiques.

Malgré sa nouvelle orientation, Verhaeren n'a pas tourné le dos au peuple: dans une enquête sur l'éducation artistique du public contemporain, publiée dans La Plume le 15 mars 1903, Verhaeren attaque l'art "morne" et "lubrique" de la bourgeoisie, et réclame un art qui entre en communion "avec l'univers entier, dont la foule /.../ fait partie". Mais il n'attribue pas à l'art la même fonction qu'il faisait jadis: il ne s'agit pas en premier lieu de démasquer les tares de la société capitaliste - l'art doit

surtout dévoiler et projeter les pensées d'avenir. En réalisant cette idée
Verhaeren créa lui-même des poèmes profondément optimistes.

Remarques finales

Se manifestant sous des formes si variées, la vision citadine dans l'oeuvre
de Verhaeren révèle d'une façon particulièrement intéressante l'évolution
créatrice du poète. Avec l'image de la ville suffocante, caractéristique de
sa poésie décadente, Verhaeren traduisit tout d'abord un malaise psychique,
qui était commun à toute une génération d'écrivains et de peintres. Sous
l'influence des milieux de gauche, il ne tarda pas à dénoncer ensuite, dans
sa trilogie sociale, la puissance dévastatrice de la grande cité industrielle,
à ses yeux une pieuvre monstrueuse. Gagné un peu plus tard par un profond
optimisme, il ne cessa dans la dernière partie de son oeuvre de chanter les
métropoles du globe, centres féconds du progrès humain. C'est ce changement
d'attitude à l'égard de la civilisation urbaine, si frappant dans les derniers recueils, qui nous étonne peut-être le plus dans la poésie citadine
verhaerenienne. Et pourtant, ce revirement ne fait qu'illustrer - une fois
de plus - combien Verhaeren est ouvert aux tendances de son époque: dans
la foi dans le progrès, dans cette foi dont les poèmes citadins sont si
imprégnés, nous reconnaissons les idées des intellectuels qui prêchent le
colonialisme et la suprématie de l'Europe. Avec les fresques citadines de
cette période, Verhaeren exalte les merveilles de la technique moderne, y
voyant, comme le font ses contemporains, l'expression la plus nette de
l'omnipotence de l'homme. Les derniers recueils de son oeuvre, renfermant
à la fois des tendances colonialistes et des visions de révolte, reflètent
la même complexité idéologique que celle qui se manifeste chez des intellectuels comme Marius et Ary Leblond. Ce sont ces poèmes, et non pas ceux des
Villes tentaculaires, qui font de Verhaeren le représentant des Européens
qui, au début de notre siècle, envisagent l'avenir avec une confiance
inébranlable.[51)]

Il y a vingt-cinq ans, Lucien Christophe fit le bilan des études verhaereniennes en Belgique en constatant que le poète "se révèle de plus en
plus, aux yeux des Belges soucieux du prestige spirituel de leur patrie,
comme une incarnation du génie national". Dans le même article, il s'inquiète
de l'image trop simplifiée que l'on donne de l'homme et de son oeuvre:

On n'érige pas un poète en homme public sans créer autour de lui, avec des bouts de vérité, une légende qui le trahit dans la mesure peut-être nécessaire où elle le magnifie. Je crains que sur la foi des textes détachés, infidèles et probants comme des textes de "digests", sous la garantie d'une imagerie inspirée par la religion de la science et du progrès, beaucoup ne voient plus en Verhaeren que le représentant congédié d'une civilisation dont les espérances sont éteintes.[52]

C'est sans doute cette ambition de "créer une légende" autour du poète qui a empêché bien des critiques de discuter les tendances sociales, qui sont pourtant frappantes dans une partie de son oeuvre. Bien que distinguant les différentes phases de l'évolution artistique de Verhaeren - la trilogie sociale et les recueils suivants constituent ainsi pour la plupart des critiques deux étapes différentes - on n'a pas voulu relever les traces que son engagement social a laissées dans sa trilogie. Par là, la différence entre ces deux phases de son oeuvre n'a pas été suffisamment mise en relief. On constate pourtant aujourd'hui que les critiques commencent à se pencher sur sa poésie décadente ainsi que sur sa trilogie sociale, parties trop vite écartées par les poèmes optimistes de ses derniers recueils.[53] Ce qui n'a pas encore été traité d'une façon exhaustive, c'est l'échange mutuel entre Verhaeren et les poètes français: s'efforçant de relever ce que son oeuvre a de spécifiquement belge, la critique a eu tendance à trop négliger les rapports littéraires franco-belges, rapports qui sont pourtant intéressants dans ce contexte. Dans une caractéristique de l'art de Rodenbach, Verhaeren touche à ce problème, commun aux écrivains belges de langue française, et il le fait par une remarque qui est bien valable pour son art propre:

Il paraît juste de ne point l'isoler dans un groupe, de ne point le détacher de la grande littérature française. Les groupements par pays ou provinces rétrécissent les jugements esthétiques. L'art n'est point d'une région, il est du monde.[54]

NOTES

Introduction

1) Voir à ce sujet Hugo Friedrich, Die Struktur der modernen Lyrik, Hamburg, 1956, p. 31. (Pour les citations se référer à l'édition française, Structures de la poésie moderne, Paris, 1976); France Joxe, "Ville et Modernité dans Les Fleurs du Mal", Europe, avril-mai 1967.

2) Op.cit., p. 368.

3) Certaines de ses études ont été présentées par Rolf Tiedemann dans le volume intitulé Charles Baudelaire. Ein Lyriker im Zeitalter des Hochkapitalismus, Frankfurt am Main, 1969. L'étude "Paris, capitale du XIXe siècle" figure dans le volume L'Homme, le langage et la culture, Paris, 1971.

4) Dostoevsky and romantic realism. A study of Dostoevsky in relation to Balzac, Dickens and Gogol, Cambridge, Massachusetts, 1965; les rapports étroits entre la littérature moderne et les grandes métropoles ont été éclaircis par Monroe K. Spears dans son Dionysus and the City. Modernism in Twentieth-century poetry, New York, 1970. Voir aussi à ce sujet Modernism 1890-1930, édité par Malcolm Bradbury and James McFarlane, Harmondsworth, 1978.

5) Voir Volker Klotz, Die erzählte Stadt. Ein Sujet als Herausforderung des Romans von Lesage bis Döblin, München, 1969, pp. 124-166; pour la critique de la civilisation urbaine, voir Leonardo Benevolo, Geschichte der Architektur des 19. und 20. Jahrhunderts, München, 1964, pp. 177-196.

6) Le recueil Les Villes à Pignons est une des cinq parties de Toute la Flandre, polyptyque que Verhaeren consacra à son pays natal. La petite ville - souvent pittoresque - qui y est évoquée, se distingue fortement de la grande ville industrielle, figurant dans les recueils cités ci-dessus. Une analyse des Villes à Pignons dépasserait le cadre de ce travail.

7) Dans son Essai sur la poésie de Verhaeren. La Campagne. Les Villes. Le Jardin (1929), Charles Brutsch consacre un chapitre aux poèmes citadins de l'oeuvre du poète: contrairement à Küchler, il examine de nombreux poèmes des Villes Tentaculaires, mais ses remarques sont surtout d'ordre stylistique et il y voit une glorification de la grande cité de l'époque - la trilogie serait même "l'apologie ardente des villes" (p. 188).

8) Emile Verhaeren. Poèmes choisis, édition établie et présentée par Robert Vivier, Paris, 1977, pp. 15-16.

9) Voir par exemple L. Charles-Baudouin, Le symbole chez Verhaeren. Essai de psychanalyse de l'art, Genève, 1924; Jos. de Smet, Emile Verhaeren. Sa vie et ses oeuvres, première partie, Malines, 1909, deuxième partie, Malines, 1920.

10) Ds Stimmen der Romania. Festschrift für W. Theodor Elwert zum 70. Geburtstag, Wiesbaden, 1980; dans un article récent, intitulé "Three city poets: Rilke, Baudelaire and Verhaeren", Kristian Versluys met en relief les côtés rebutants de la vision citadine de la trilogie sociale, mais sans discuter le contexte politico-sociale. Il ne fait mention, ni des poèmes où l'image citadine traduit un état d'âme, ni de ceux qui glorifient la métropole moderne. Voir Revue de Littérature Comparée, n° 3 1980.

11) Pour les revues belges de cette époque, voir Herman Braet, L'accueil fait au symbolisme en Belgique (1885-1900), Bruxelles, 1967; Gustave Charlier - Josephe Hanse, Histoire illustrée des lettres françaises de Belgique, Bruxelles, 1958 (surtout le chapitre "La Jeune Belgique et L'Art Moderne" par Hanse); Andrew Jackson Mathews, La Wallonie 1886-1892. The symbolist movement in Belgium, New York, 1947.

12) Les articles figurant dans L'Art Moderne ne sont pas signés - ce sont les recherches d'André Fontaine qui nous permettent d'étudier la participation de Verhaeren à cette revue: dans son ouvrage Verhaeren et son oeuvre d'après des documents inédits, Paris, 1929, il a dressé la liste des articles, attribués à Verhaeren.

13) Dans le Manuel d'Histoire littéraire de la France, tome V, 1848-1917, Paris, 1977, H. Juin signale en passant la collaboration de Verhaeren aux Entretiens politiques et littéraires (p. 583).

14) Vocations littéraires, Genève - Paris, 1959, p. 73.

15) Voir à ce sujet "Seurat and Emile Verhaeren: unpublished letters", par Robert L. Herbert, Gazette des Beaux-Arts, décembre 1959.

16) "Quelques mots sur Mallarmé", L'Art Moderne, oct. 1887.

I. "Une ville de rêves et de symboles" - Les Soirs, les Débâcles, les Flambeaux Noirs

1) "Gérard de Nerval", réimprimé dans Impressions, 1ère série, Paris, 1926, pp. 157-165.

2) Le roman jouit de nos jours d'un renouveau d'intérêt: il a été réédité en flamand (Brugge-de-Dode, Antwerpen, 1978) et en français (Bruxelles, 1977; Paris, 1978).

3) Bruges-La-Morte, Paris, 1904, p. 4.

4) Ibid., pp. 171-172.

5) Op. cit., p. 73.

6) Voir par exemple Les Soirs, "Les Malades".

7) Lettres d'Emile Verhaeren à Georges Khnopff, publ. par Jean de Beucken, Bruxelles, 1947.

8) Op. cit., p. 13.

9) Op. cit., p. 24.

10) "Chronique littéraire", La Wallonie, 31 mai 1888.

11) "Chronique littéraire", La Société Nouvelle, 1889.

12) "La chanson de la mer par Paul (sic) Marguerite", L'Art Moderne, 27 septembre 1885.

13) Réimprimé dans Impressions, 3e série, Paris, 1928, p. 17.

14) "Confession de poète", Impressions, 1ère série, pp. 11-12, Paris, 1926.

15) Traduit en français en 1886; dès 1881, Rodenbach fait en Belgique une conférence sur Schopenhauer, la première de toute une série. Voir à ce sujet Robert Gilsoul, La théorie de L'Art pour L'Art chez les écrivains belges de 1830 à nos jours, Bruxelles, 1936, pp. 95-98.

16) L'imaginaire décadent (1880-1900), Paris, 1977, p. 64.

17) Traduction française en 1889.

18) Voir à ce sujet Pierrot, pp. 61-74.

19) Selon Fontaine, "La crise n'inquiéta jamais sérieusement le médecin" du poête (op. cit., pp. 17-18).

20) Message poétique du symbolisme, Paris, 1947, p. 293; cf. aussi Enid Starkie qui, dans sa thèse Les Sources du lyrisme dans la poésie d'Emile Verhaeren, Paris, 1927, fait des remarques du même ordre (pp. 46-47).

21) Dans un article sur un poête contemporain - Edmond Haraucourt - Verhaeren montre d'ailleurs combien il est hostile aux nouvelles tendances de la critique qui s'intéresse plus à la biographie de l'auteur qu'à son ouvrage. Et il souligne que le malaise psychique qui est traduit dans le recueil qu'il présente n'est pas caractéristique de ce poête seulement - il est familier à bien de ses confrères contemporains:

> Il est de mode aujourd'hui, dès qu'un volume remarquable naît, de faire plutôt l'analyse de l'auteur que du livre. Les critiques se servent du poème pour pénétrer l'esprit de l'écrivain, pour mettre à nu son intelligence et faire en quelque sorte son autopsie morale. Ils lui fabriquent des ancêtres, lui inventent une famille, fixent son milieu et, sous prétexte d'expliquer son oeuvre le déshabillent et très souvent l'exécutent /.../ Nous désirerons pour notre part nous occuper moins de M. Haraucourt que de son livre et consacrer nos réflexions uniquement à ses vers et à leur forme. Certes, comme tout poête contemporain, M. Haraucourt a l'âme désorientée: les idées les plus profondes et les plus traditionnelles y sont ébranlées et son coeur n'est qu'une plaine douloureuse où souffle l'ennui, toujours l'ennui.
> ("L'Ame nue par Edmond Haraucourt", L'Art Moderne, 19 avril 1885)

22) L'Exposition du Musée des Arts décoratifs de Paris en 1979 a contribué à tirer de l'oubli l'oeuvre du peintre belge.

23) Voir à ce sujet Francine-Claire Legrand, Le symbolisme en Belgique, Bruxelles, 1971, p. 69.

24) Op. cit., p. 13.

25) Op. cit., p. 27.

26) Oeuvres de Georges Rodenbach, tome I, Paris, 1923, pp. 65-66.

27) Op. cit., pp. 153-154.

28) Réimprimé dans Les Bords de la Route (1891). Le poème commence:

> Calmes voluptueux avec des encensoirs
> Et des rythmes lointains par le soir solitaire

29) Poésie et profondeur, Paris, 1955, pp. 154-157.

30) Att översätta själen. En huvudlinie i modern poesi - från Baudelaire till surrealismen. Stockholm, 1975.

31) Dans un article récent, Paul Gorceix a étudié le thème de la claustration chez ces deux derniers poêtes. ("Le mythe de la clôture et ses images dans le lyrisme de Georges Rodenbach et de Maurice Maeterlinck", ds Studia Belgica. Aufsätze zur Literatur- und Kulturgeschichte Belgiens, édité par Hans-Joachim Lope, Frankfurt am Main, 1980).

32) Réimprimé dans Impression, 1ère série, pp. 110-112. Comme le constate Suzanne Bernard dans Le poème en prose de Baudelaire jusqu'à nos jours, Paris, 1959, les poèmes en prose de Verhaeren, publiés dans La Société Nouvelle de 1887 à 1891 et dans le numéro spécial, consacré à Verhaeren par La Wallonie en mai 1890, "nous introduisent /.../ dans un monde intérieur douloureux et tourmenté". Elle signale également que le poète part "d'un paysage réel pour établir l'analogie avec son 'paysage mental'" - même procédé donc que dans ses poèmes en vers. Voir op. cit., pp. 479-480.

33) OEuvres complètes, Paris, 1975

34) Nous retrouvons dans "Les Cloches" de La Jeunesse Blanche une image semblable:

> Je songe à d'anciens soirs, lorsque le vent du nord
> Sonnait du haut des tours tel qu'un veilleur qui corne
> Et couvrait de brouillard le soleil jaune et morne
> Comme d'un blanc suaire un visage de mort.

35) Réimprimé dans Impressions, 1ère série, pp. 238-239.

36) Op. cit., p. 268.

37) OEuvres de Georges Rodenbach, tome I, p. 239.

38) Voir à ce sujet Jacques Lethève, "Le thème de la décadence dans Les Lettres françaises à la fin du XIXe siècle" (Revue d'histoire littéraire de la France, 1963, 63).

39) Poèmes saturniens (OEuvres poétiques complètes, Paris, 1948).

40) "Dialogue", Les Débâcles.

41) Les Chants de Maldoror furent publiés en Belgique en 1874. Un extrait en parut dans La Jeune Belgique en 1885 et une réimpression de l'ouvrage entier vit le jour en 1891. Voir à ce sujet Bernard, op. cit., pp. 477 et 489; Robert Frickx, "L.influence de Lautréamont sur les poètes de 'La Jeune Belgique'" (Ds Regards sur les Lettres françaises de Belgique, publ. par P. Delsemme, R. Mortier, J. Detemmerman, Bruxelles, 1976) et Michael Philip, Lectures de Lautréamont, 1971, pp. 15-16.

42) Dans La Jeunesse Blanche, l'image de l'amour est également liée à l'idée de la mort. Voir p. ex. "Péché" et "L'Eau qui parle".

43) Dans The Romantic Agony, London, 1933, Mario Praz signale la même affinité entre érotisme et exotisme chez Prosper Mérimée, Théophile Gautier et Gustave Flaubert (op. cit., p. 197).

44) La Jeunesse Blanche, "Les Cloches".

45) Ibid., "Rendez-vous tristes".

46) Begreppet lyrisk erfarenhet. Kunskapsteoretiska och estetiskt-psykologiska studier i symbolistisk och realistisk diktning, Lund, 1958.

47) L'univers poétique de Baudelaire, Paris, 1956, p. 310.

48) Op. cit., p. 266.

49) Op. cit., p. 29.

50) Op. cit., pp. 31-32.

51) Op. cit., p. 143.

52) Op. cit., p. 50.

53) Europe, avril-mai 1967.

54) Bien des critiques n'ont pas noté que cette tendance se manifeste déjà dans Les Flambeaux noirs. Voir par exemple Starkie, op. cit., pp. 74-75; dans un article récent, intitulé "L'imaginaire dans l'oeuvre poétique d'Emile Verhaeren", et publié dans Etudes de littérature française de Belgique offertes à Joseph Hanse pour son 75e anniversaire, Vic Nachtergaele désigne pourtant "Les Villes" comme le premier signe d'une attitude plus ouverte à l'égard de la réalité extérieure. Nachtergaele est aussi l'auteur d'une thèse, intitulée Le monde imaginaire dans la trilogie des Soirs d'Emile Verhaeren, Publications de la Katholieke Universiteit Leuven à Kortrijk, 1976, qui, semble-t-il, n'a pas été imprimée.

II. Ville tentaculaire - ville capitaliste: la trilogie sociale

1) Voir à ce sujet Elliott Mansfield Grant, French Poetry and Modern Industry 1830-1870, Cambridge, 1927.

2) Ds Charlier - Hanse, Histoire illustrée des Lettres françaises de Belgique, Bruxelles, 1958, p. 434.

3) Op. cit., pp. 110-111.

4) Emile Verhaeren, Paris, 1910, p. 122.

5) Op. cit., p. 136.

6) Op. cit., p. 135.

7) Le symbole chez Verhaeren. Essai de psychanalyse de l'art, Genève, 1924, pp. 221-222.

8) Op. cit., p. 162.

9) L'idée d'humanité chez Emile Verhaeren, Paris, 1938, p. 27.

10) Op. cit., p. 226.

11) Op. cit., p. 229.

12) Op. cit., p. 69.

13) Op. cit., p. 69. Discutant une deuxième fois l'exode rural dans la poésie de Verhaeren, il se sert d'ailleurs des mêmes termes: "Problème qu'il laisse irrésolu, pour plonger dans la vie de la ville" (p. 226).

14) Verhaeren, London, 1957, p. 33.

15) Mansell Jones n'a pas entièrement raison en constatant que ce sont les contemporains de Verhaeren qui ont vu dans ce recueil une glorification de la vie moderne: la réaction d'Albert Mockel contredit cette idée. Voir plus loin, pp. 110-111.

16) "Une édition critique des oeuvres poétiques d'Emile Verhaeren. Application au recueil Les Villes Tentaculaires". Cahiers de littérature et de linguistique appliquée, 5-6, 1972.

17) L'évolution idéologique d'Emile Verhaeren, Paris, 1929, pp. 36-37.

18) Emile Verhaeren, sa vie et ses oeuvres, IIe partie, Malines, 1920, p. 274.

19) Ouvrages consultés pour les pages 43-45.
B-S Chlepner, Cent ans d'histoire sociale en Belgique, Bruxelles, 1972;
The Fontana Economic History of Europe: The Emergence of Industrial
Societies, ed. M. Cippola, Glasgow, 1973; René Lavollée, Les classes
ouvrières en Europe I - III, Paris 1884-1896; Henri Pirenne, Histoire
de Belgique, tome 7, Bruxelles, 1937; Jean-Pierre Rioux, La révolution
industrielle 1780-1880, Paris, 1971; Emile Vandervelde, L'exode rural
et le retour aux champs, Paris, 1903; Les Villes Tentaculaires, Paris,
1899.

20) Voir plus loin, p. 110.

21) La conférence fut imprimée la même année à Paris.

22) Op. cit., tome II, p. 220.

23) Op. cit., p. 305.

24) La Crise. Examen de la situation économique de la Belgique, 1884.
Cité par Chlepner, op. cit., p. 51.

25) Article figurant en 1886 dans L'Art Moderne ainsi que dans La Société
Nouvelle; réimprimé dans Pro Arte, Bruxelles, 1886. (L'article a été
mentionné par Eugenia W. Herbert dans son ouvrage The artist and social
reform. France and Belgium, 1885-1898, New Haven, 1961, p. 158).

26) Op. cit., p. 237.

27) Vocations littéraires, Paris, 1959, p. 70.

28) Edmond Picard et le réveil des lettres belges 1881-1888, Bruxelles,
1935, p. 79.

29) Jean Maîtron, Histoire du mouvement anarchiste en France 1880-1914,
Paris, 1951, p. 196.

30) "La foi, la force et la raison", par J. Putsage, La Société Nouvelle,
1889.

31) "Un procès politique", La Société Nouvelle, 1889.

32) "La Question sociale", La Société Nouvelle, 1890.

33) Les Villes Tentaculaires, pp. 7-8.

34) Op. cit., p. 230.

35) Dans son ouvrage Emile Vandervelde, Bruxelles, 1973, Robert Abs examine
les activités culturelles des socialistes belges. (Voir surtout
pp. 38-45). Voir aussi à ce sujet Herbert, op. cit., pp. 28-34.

36) Les problèmes de l'esthétique contemporaine, préface, Paris, 1891.

37) Cité par André Fontaine, Verhaeren et son oeuvre, p. 24.

38) "A travers L'Exposition de Paris", La Société Nouvelle, 1889.

39) "Londres", L'Art Moderne, septembre 1885.

40) Cf. par exemple "La Ville" des Campagnes Hallucinées et "La Révolte"
des Villes Tentaculaires, dont la première strophe commence:

La rue, en un remous de pas,
De torses et de dos d'où sont tendus des bras
Sauvagement ramifiés vers la folie,
Semble passer volante;

41) Réimprimé dans Sensations, Paris, 1928.

42) Réimprimé dans Impressions, IIe série, Paris, 1927.

43) L'Art Moderne, mai 1892.

44) L'Art Moderne, déc. 1893.

45) Cité par Lucien Christophe, Emile Verhaeren. Les Meilleures Pages, Bruxelles, 1955, p. IX.

46) "Eekhoud, La Nouvelle Carthage", L'Art Moderne, déc. 1893.

47) "Le théâtre libre à Bruxelles", L'Art Moderne, mars 1892.

48) Voir à ce sujet Jean-Hervé Donnard, La Vie économique et les classes sociales dans l'oeuvre de Balzac, Paris, 1961, p. 120; Arnold Hauser, Sozialgeschichte der Kunst und Literatur, tome II, München, 1953, p. 299.

49) "Le Génie", Impressions, IIe série, p. 219.

50) Op. cit., p. 212.

51) Les problèmes de l'esthétique contemporaine, p. 163.

52) Le livre des masques, tome II, 1896, p. 142; cité aussi par Guisan, Poésie et collectivité 1890-1914. Le message social des OEuvres poétiques de l'Unanimisme et de l'Abbaye, Lausanne, 1938, p. 43.

53) Cité par Christophe, op. cit., pp. 126-129.

54) Par exemple dans L'Art Moderne, en 1892, et dans La Plume en décembre 1903.

55) Réimprimé par Christophe, op. cit., p. 90: Christophe fait remarquer que l'article a figuré dans L'Endehors, mais il ne mentionne pas que cette revue est l'organe des anarchistes français.

56) "Du rôle social des banques en Europe", La Société Nouvelle, 1885.

57) La Société Nouvelle, 1885.

58) La Revue socialiste, juillet-décembre 1894; Herbert a également noté l'attention que l'on y prêta à ce poème, (op. cit., p. 27).

59) Voir plus loin, p. 132.

60) "The New Gallery", Sensations, p. 143.

61) Op. cit., p. 242.

62) Chlepner, op. cit., p. 198.

63) Impressions, Ière série, p. 162.

64) Voir ci-dessus, pp. 51-52

65) Le dégoût que la réclame inspire à Verhaeren s'exprime aussi dans "La Ville", poème publié dans Le Coq Rouge en 1895. Le poète y évoque des murs, couverts de suie, "où s'ameutent les cris des réclames sauvages".

66) "Deux figures allégoriques, deux femmes riantes, la gorge nue et renversée, déroulaient l'enseigne: Au Bonheur des Dames".

67) Voir à ce sujet Hauser, op. cit., p. 287.

68) Zweig, op. cit., p. 135.

69) Voir à ce sujet Robert L. and Eugenia W. Herbert, "Artists and Anarchism: Unpublished letters of Pissarro, Signac and others", The Burlington Magazine, Nov. 1960.

70) Voir par exemple ses Rêveries du promeneur solitaire (1778).

71) Lefebvre, op. cit., p. 33.

72) Cité par Marc Le Bot, Peinture et machinisme, Paris, 1973, p. 102.

73) Mumford, op. cit., pp. 161-163.

74) Op. cit., p. 194.

75) Les Campagnes Hallucinées, "La Ville".

76) Nous rencontrons la même observation - fortement soulignée - dans "La
Ville" du Coq Rouge: dans ce poème, le bruit est à l'origine des
"rixes et des rages perpétuelles", des "clameurs en querelles et en
douleurs"; les "bruits éclatés en batailles" provoquent les "noeuds de
haine" qui explosent dans les faubourgs.

77) Voir ci-dessus, pp. 51-52

78) Charles Baudelaire, Frankfurt am Main, 1974, p. 114-149.

79) Cité par Benjamin, op. cit., p. 117.

80) Les Châtiments, VI, 17.

81) Op. cit., p. 42.

82) La situation des classes labourieuses en Angleterre, p. 39 (Trad. fr.
de 1892).

83) Op. cit., pp. 30-31.

84) Hinterhäuser, Fin de Siècle. Gestalten und Mythen, München, 1977,
pp. 34-35.

85) Op. cit., p. 45.

86) Grant, op. cit., p. 155.

87) Lettre inédite, conservée au Fonds Verhaeren: F.S. XVI 148/480.

88)   "   "   "   "   "   "   F.S. XVI 145/19 M.L.

89) Il est significatif que "Le Démolisseur" figure dans les mémoires de
Jean Grave, intitulés Le Mouvement libertaire sous la Troisième
République, Paris, 1930.

90) Voir à ce sujet l'article cité par Robert L. and Eugenia W. Herbert ds
The Burlington Magazine, Nov. 1960.

91) "Georges Eekhoud", L'Endehors, 5 juin 1892.

92) Dans son étude "Le feu idéalisé: feu et pureté", Gaston Bachelard a
examiné le rôle purificatoire du feu. Voir La psychanalyse du feu,
Paris, 1949.

93) Il n'est pas étonnant que ce soit justement la vision de révolte qui
fascina surtout René Arot, critique de la revue française Le Mouvement
socialiste. Dans son article "Emile Verhaeren" (15 déc. 1901), il
commente ainsi le rôle de la révolte dans l'oeuvre de celui-ci: "au
sein même de la géhenne détestée des Villes, le poète tressaille d'aise
quand surgit la fierté farouche de la Révolte. L'orgueilleuse figure
de la Révolte symbolisant la volonté de vivre, prend ici tout son sens
et toute son importance./.../ C'est sous l'impulsion de la foule, dont
le geste instinctif se relie à la pensée et au génie de l'élite humaine,
que se promulguent la justice et le droit généreux. Sous ses coups les
sagesses surannées et les dogmes caducs tombent. L'équilibre ancien est
renversé./.../ c'est bien l'écho d'une parole nouvelle qui retentit dans
l'oeuvre la plus récente de Verhaeren."

94) Op. cit., p. 70.

95) Op. cit., p. 92.

96) "Les Villes tentaculaires", La Jeune Belgique, 1er février 1896.

97) "A la Maison d'art", La Jeune Belgique", 13 mars 1897.

98) L'Endehors, 10 juillet 1892.

99) "21 janvier 93", L'Endehors, 25 septembre 1892.

100) Les Aubes, p. 10.

101) Ibid., p. 38.

102) J. Maître, Histoire du mouvement anarchiste en France, Paris, 1951, p. 259.

103) Les Aubes, p. 82.

104) Ibid., p. 19.

105) Ibid., p. 15.

106) Ibid., p. 136.

107) Ibid., p. 135.

108) Ibid., p. 133.

109) Industrialismens scen. Ur revolutionernas och varumässornas teater-historia, Stockholm, 1979, pp. 134-135.

110) Lettre inédite, conservée au Fonds Verhaeren: "Je ne sais pas si vous avez lu Tête d'Or de Paul Claudel, paru l'an dernier. Si vous ne le connaissiez pas, je pourrais vous communiquer le volume - pour moi c'est une des oeuvres les plus extraordinaires de l'année; informe certes, mais à chaque instant géniale. Or Claudel qui est très pauvre vient d'achever un nouveau drame La Ville et n'a pas de quoi le faire publier. Un de ses amis, Camille Mauclair, m'envoie un certain nombre de bulletins de souscription/.../ peut-être trouverez-vouz l'occasion de placer quelques-uns de ces bulletins où d'intéresser L'Art Moderne à la souscription". F.S. XVI 148/734.

111) Lettre inédite, conservée au Fonds Verhaeren: F.S. XVI 148/762 (Mabille de Poncheville a donc tort en prétendant que c'est une lettre, écrite en 1897, qui est la dernière que Mallarmé adressa à Verhaeren).

112) "Emile Verhaeren comme auteur dramatique", (trad. d'un article publié dans Contemporary Review, août 1904; Fonds Verhaeren, F.S. XVI, 1319).

113) Mercure de France, Juin 1901.

114) Nikolai A. Gorchakov, The Theater in Soviet Russia, New York, 1957, p. 137.

115) Lars Kleberg, Teatern som handling. Sovjetisk avantgarde-estetik 1917-27, Stockholm, 1980, p. 82.

116) Cité par Guisan, op. cit., p. 63.

117) Op. cit., p. 190.

118) Voir ci-dessus, p. 43.

119) Op. cit., p. 32.

120) Un de ces dessins, - portrait de Vandervelde - est exposé aujourd'hui
à La Maison du Peuple de Bruxelles, et il porte l'inscription suivante:
"Et alors le jour viendra où selon la parole de notre cher Emile Verhaeren se lèveront dans la nuit Les Aubes".

121) Emile Verhaeren, Paris, 1917, pp. 72-74.

122) "Chronique littéraire", La Société Nouvelle, 1893.

123) Op. cit., p. 88.

124) Sussex cite la lettre de Verhaeren dans une note, sans mentionner
l'article perspicace de Krains qui a provoqué cette réaction. On note
d'ailleurs que d'autres écrivains, contemporains de Verhaeren, sont
au courant du message de la trilogie, même avant la publication de ses
différentes parties. Francis Viélé-Griffin constate en 1895: "Dans
Les Villes Tentaculaires (sous presse, et dont nous donnons plus loin
l'admirable exorde) seront notés l'absorption des campagnes par l'industrie; la misère, l'argent, la veulerie, la corruption, le blasphème
des villes contre l'ordre naïf et primordial. Dans Les Aubes enfin, le
Poète dira: l'avenir tel qu'il le rêve, purifié, lavé, exorcisé du
présent". (La Plume, 1895; voir également l'article intitulé "Entretiens sur le mouvement poétique" où le même auteur présente en 1893
Les Campagnes Hallucinées, dans Les Entretiens politiques et littéraires)

125) Voir à ce sujet Braet, op. cit., p. 70.

126) "Reportage posthume (Charles Baudelaire)", L'Art Moderne, juillet 1887
(Réimprimé dans Impressions, 3ème série).

127) "La Littérature belge", L'Art Moderne, juillet 1895.

128) Lettre citée également par Mabille de Poncheville, op. cit., pp. 285-286.

129) "Un livre d'Emile Verhaeren", La Revue Blanche, 1er mars 1895.

130) "Memento", La Jeune Belgique, septembre 1894.

131) Cité dans "Picorée", Le Coq Rouge, juin 1896.

132) Lettres d'Emile Verhaeren à Georges Khnopff

133) Date, donnée par Mabille de Poncheville, op. cit., p. 350.

III. Villes d'échange et de progrès - Les Visages de la Vie, Les Forces
tumultueuses, La Multiple Splendeur, Les Rythmes souverains,
Les Flammes hautes

1) Réimprimé dans Impressions, 3e série, pp. 193-194.

2) Starkie, p. 287.

3) Op. cit., p. 288: avec cette constatation, Starkie reprend mot à mot
une idée exprimée déjà par Paul Hermant dans son article "Le Panthéisme
dans la littérature flamande" (Revue Germanique, mars - avril 1908).

4) Op. cit., p. 101.

5) Sussex, p. 202.

6) Ibid., p. 199.

7) Impressions, 3e série, pp. 193-194.

8) Décaudin, p. 167.

9) Ces articles furent publiés en 1929 dans le petit volume Notes sur L'Art.

10) Ouvrages consultés pour l'esquisse du climat politico-social de ce chapitre: M. Baumont, L'essor industriel et l'impérialisme colonial (1878-1904), Paris, 1965; G.D.H. Cole, A History of Socialist Thought, Volume III, Part II, London, 1956; Heinz Gollwitzer, Europe in the age of imperialism, London, 1969; W.O. Henderson, The industrialization of Europe (1780-1914), Chicago, 1961; Hanns Joachim W. Koch, Der Sozialdarwinismus. Seine Genese und sein Einfluss auf das imperialistische Denken, München, 1973; Madeleine Rebérioux, La République radicale? 1898-1914, Paris, 1975.

11) Belle Epoque, p. 321-330.

12) Mercure de France, mai 1900.

13) Ibid., déc. 1900.

14) "La Multiple Splendeur", Impressions, 3e série, pp. 197-205.

15) Carl Grimberg et Ragnar Svanström, De la Belle Epoque à la Première Guerre mondiale, Verviers, 1974, p. 89.

16) Mercure de France, août 1902.

17) Le poème est tiré du recueil Les Sept Mers.

18) Voir à ce sujet Madeleine Rebérioux, op. cit., p. 37.

19) L'Anthologie coloniale, p. IV.

20) Ibid., p. 12.

21) Littérature française (1896-1920) éd. par B. Arthaud, Paris, 1975, p. 41.

22) Peintres de races, p. 126.

23) "Leconte de Lisle avant la Révolution de 1848", Mercure de France, sept. 1901.

24) Gollwitzer, p. 24.

25) Vandervelde, p. 70.

26) Cole, p. 635.

27) Mercure de France, juin 1900.

28) Beaunier, p. 197.

29) Ibid., p. 202.

30) de Smet, p. 206.

31) L'Anthologie coloniale, p. III.

32) Sussex, p. 232.

33) Vandervelde, p. 67.

34) Ibid., p. 65; lors d'un entretien à Bruxelles au mois de mai 1980, Robert Abs a d'ailleurs affirmé que pendant les réunions politiques, il entendait souvent citer la poésie de Verhaeren par Emile Vandervelde. Malgré sa nouvelle orientation, Verhaeren ne cessa donc jamais d'être le porte-parole des socialistes.

35) Les Rythmes Souverains, "La Cité".

36) "L'Histoire de L'Art"; réimpr. dans Impressions, p. 238.

37) Notes sur L'Art, pp. 14-18.

38) Cf. aussi "Le Maître" (Les Rythmes Souverains);

                    Déjà
   Au-dessus de la ville et des plaines, là-bas,
   Vibraient de tous côtés les fils télégraphiques
   Pour divulguer l'attente et la terreur publiques.

39) "Ma race" (Les Forces Tumultueuses)

40) Op. cit., p. 177. Il est intéressant de constater que Grant ne mentionne pas les poèmes examinés dans ce chapitre, mais seulement ceux des Villes Tentaculaires, dans lesquels Verhaeren s'avère, le plus souvent, critique à l'égard de la société industrielle.

41) Cité par Grant, p. 80.

42) Voir à ce sujet Grant, pp. 128-129.

43) Mercure de France, janvier 1910.

44) "La Ville", (Les Campagnes Hallucinées).

45) "Les trains" (Les Plaines).

46) Voir à ce sujet Pär Bergman, op. cit., p. 10.

47) "Leçon de Walt Whitman", Les Feuilles de Mai, 1913.

48) Emile Verhaeren, Paris, 1907, pp. 5-9.

49) Ds "L'Enquête sur l'influence allemande", faite par Jacques Morland dans le Mercure de France, nov. 1902.

50) Krains, pp. 95-96.

51) Cf. Marcel Raymond, qui constate que ce vaste mouvement d'extraversion (si marqué dans les recueils examinés) correspond à l'évolution générale des esprits, de l'époque symboliste à la guerre". De Baudelaire au surréalisme, Paris, 1947, p. 77.

52) Mercure de France, août 1956.

53) Voir par exemple la thèse de Nachtergaele, ainsi que les articles récents par Andrianne et par Versluys, cités dans l'introduction.

54) "Georges Rodenbach", Revue Encyclopédique, janvier 1899.

BIBLIOGRAPHIE

A. OEuvres d'Emile Verhaeren

Jean-Marie Culot, Bibliographie de Emile Verhaeren, Bruxelles, 1954; pour les citations, se référer à l'édition définitive du Mercure de France.

OEuvres

Paris, Mercure de France, 9 volumes

I.   Les Campagnes hallucinées. Les Villes tentaculaires. Les douze Mois. Le Visages de la vie. 1912.

II.   Les Soirs. Les Débâcles. Les Flambeaux noirs. Les Apparus dans mes chemins. Les Villages illusoires. Les Vignes de ma muraille. 1914.

III. Les Flamandes. Les Moines. Les Bords de la route. 1922.

IV: Les Blés mouvants. Quelques chansons du village. Petites Légendes. 1924.

V: La Multiple Splendeur. Les Forces tumultueuses. 1928.

VI: Les Rythmes souverains. Les Flammes hautes. 1929.

VII: Les Heures claires. Les Heures d'après-midi. Les Heures du soir. 1930.

VIII: Toute la Flandre: I. Les Tendresses premières. La Guirlande des Dunes. Les Héros. 1932.

IX.   Toute la Flandre: II. Les Villes à pignons. Les Plaines. 1933.

Autres éditions:

Flambeaux noirs, Bruxelles, éd. Edmond Deman, 1891.

Les Campagnes hallucinées, Bruxelles, éd. Edmond Deman, 1893.

Les Villes tentaculaires, Bruxelles, éd. Edmond Deman, 1895.

Quelques notes sur l'oeuvre de Fernand Khnopff, 1881-1887, Bruxelles, 1887.

Les Aubes, Bruxelles, éd. Edmond Deman, 1898.

Rembrandt, Paris, 1904.

James Ensor, Bruxelles, 1908.

Villes Meurtries de Belgique. Anvers, Malines et Lierre, Bruxelles et Paris, 1916.

Le Travailleur étrange et d'autres récits, Genève, 1921.

Pages belges. Préface par André Fontaine, Bruxelles, 1926.

Impressions, 1ère série, Paris, 1926.

"   2ème "   "   , 1927.

"   3ème "   "   , 1928.

Notes sur l'Art, Paris, 1928.

Sensations, Paris, 1928.

Lettres d'Emile Verhaeren à Georges Khnopff. Avec une introduction par Jean de Beucken, Liège, 1947.

Les Meilleures Pages, présentées par Lucien Christophe, Bruxelles, 1954.

Poèmes choisis. Edition établie et présentée par Robert Vivier, Paris, 1977.

Préfaces

Merlet, J.F. Louis, La Chanson des Mendiants, Paris, 1910.

Guilbeaux, Henri, Anthologie des lyriques allemands contemporains, Paris, 1913.

B. Articles et poèmes de Verhaeren, publiés dans des revues

L'Art Moderne

"L'âme nue, par Edmond Haraucourt", avril 1885.

"La Chanson de la Mer, par Paul (sic) Marguerite", septembre 1885.

"Londres", septembre 1885.

"Le Théâtre libre à Bruxelles", mars 1892.

"La Fin des Bourgeois", mai 1892.

"Eugène Laermans", janvier 1893.

"La Nouvelle Carthage", décembre 1893.

Le Coq Rouge

"La Ville" (poème), 1895.

"Veneris Ressurrectiones" (poème), décembre 1896 - janvier 1897.

L'Endehors

"Georges Eekhoud", décembre 1892.

Les Entretiens politiques et littéraires

"La Mort" (poème) juillet 1892.

La Jeune Belgique

"Une heure de soir" (poème), août 1891.
"Celles des Soirs" (poème), décembre 1891.

La Plume

"Enquête sur l'Education artistique du public contemporain", mars 1903.

La Revue

"Mammon" (poème), janvier 1896.

Revue encyclopédique

"Georges Rodenbach", janvier 1899.

La Revue Rouge

"La Misère" (poème), octobre 1892.

La Wallonie

"Là-bas" (poème), 1888.

C.   Etudes sur Verhaeren

Andrianne, René, "La genèse des Campagnes Hallucinées de Verhaeren".
        Stimmen der Romania. Festschrift für W. Theodor Elwert zum 70.
        Geburtstag. Hrsg. von Gerhard Schmidt und Martin Tietz.
        Wiesbaden, 1980.

Arot, René, "Emile Verhaeren". Mouvement socialiste, 15 déc. 1901.

Bazalgette, Léon, Emile Verhaeren, Paris, 1907.

Beaunier, André, La Poésie Nouvelle, Paris, 1902.

Bernard, Suzanne, Le poème en prose de Baudelaire à nos jours, Paris, 1959.

Buisseret, Georges, L'évolution idéologique d'Emile Verhaeren. Paris, 1929.

Braet, Herman, L'accueil fait au symbolisme en Belgique (1885-1900),
        Bruxelles, 1967.

Brandes, Georg, "Emile Verhaeren comme auteur dramatique" (Traduction d'un
        article, publié dans Contemporary Review, août 1904).

Brouez, Fernand, "Chronique littéraire", La Société Nouvelle, 1889.

Brutsch, Charles, Essai sur la poésie de Verhaeren. La Campagne. Les Villes. Le Jardin. Paris, 1929.

Charles-Baudouin, Louis, Le symbole chez Verhaeren. Essai de psychanalyse de l'art. Genève, 1924.

Christophe, Lucien, Emile Verhaeren. (Classiques du XXe siècle) Bruxelles, 1955.

    -        "Alfred Valette et Verhaeren", Mercure de France, août 1956.

Décaudin, Michel, La crise des valeurs symbolistes. Vingt ans de poésie française 1895-1914, Toulouse, 1960.

Dehon, Claire L., "Allegory in the plays of Emile Verhaeren", Philological Quarterly, vol. 56, nr 3, 1977.

Dozot, Marie-Hélène, "Une édition critique des oeuvres poétiques d'Emile Verhaeren. Application au recueil Les Villes Tentaculaires". Cahiers de littérature et de linguistique appliquée 5-6, 1972.

Eekhoud, Georges, "Chronique de Bruxelles", Mercure de France, 1901.

Espmark, Kjell, Att översätta själen. En huvudlinje i modern poesi - från Baudelaire till surrealismen, Stockholm, 1975.

Estève, Edmond, Un grand poète de la vie moderne - Emile Verhaeren, Paris, 1927.

Fontaine, André, Verhaeren et son oeuvre d'après des documents inédits, Paris, 1929.

Frets, Huberta, L'élément germanique dans l'oeuvre d'Emile Verhaeren, Paris, 1935.

Gilkin, Iwan, "A la Maison d'Art", La Jeune Belgique, 13 mars 1897.

Gilsoul, Robert, La théorie de l'art pour l'art chez les écrivains belges de 1830 à nos jours, Bruxelles, 1936.

Giraud, Albert, "Les Villes Tentaculaires", La Jeune Belgique, 1er février 1896.

Golstein, René, Emile Verhaeren. La vie et l'oeuvre. L'évolution des idées. Paris et Bruxelles, 1924.

Grant, Elliott Mansfield, French poetry and Modern Industry 1830-1870, Cambridge, 1927.

Guisan, Gilbert, Poésie et collectivité 1890-1914. Le message poétique des OEuvres poétiques de l'Unanimisme et de l'Abbaye, Lausanne, 1938.

Hanse, Joseph, "Pour une édition critique de Verhaeren". Les Lettres Romanes IX, 1955.

Hellens, Franz, Emile Verhaeren, Paris, 1952.

Hemma, L., "Chronique littéraire", La Wallonie, 31 mai 1888.

Herbert, Eugenia W. The Artist and Social Reform. France and Belgium, 1885-1898, New Haven, 1961.

Herbert, Robert L., "Seurat and Verhaeren: unpublished letters." Gazette des Beaux-Arts 54, 1959.

Hermant, Paul, "Le Panthéisme dans la littérature flamande", Revue Germanique, mars - avril 1908.

Holm, Ingvar, Industrialismens scen. Ur revolutionernas och varumässornas teaterhistoria, Lund, 1979.

Jones, Mansell Percy, Whitman and Verhaeren, Chicago, 1914.

- Emile Verhaeren. A study in the development of his art and ideas, London, 1926.

- The Background of Modern French Poetry, Cambridge 1951.

- Verhaeren, London, 1957.

Kalinowska, Sophie, Les motifs décadents dans les poèmes d'Emile Verhaeren, Cracovice, Académie polonaise des sciences,1966.

Kleberg, Lars, Teatern som handling; Sovjetisk avantgarde-estetik 1917-1927, Stockholm, 1980.

Krains, Hubert, "Chronique littéraire", La Société Nouvelle, 1893.

- Portraits d'écrivains belges, Liège, 1930.

Küchler, Elisabeth, Das Stadterlebnis bei Verhaeren, Seminar für romanische Sprachen und Kultur. Hamburg, 1930.

Lagarde, P., "Revue des Revues", La Revue socialiste, juillet-décembre 1894.

Leblond, Marius-Ary, Peintres de races, Bruxelles, 1909.

Mabille de Poncheville, André, Vie de Verhaeren, Paris, 1953.

Michaud, Guy, Message poétique du symbolisme, Paris, 1947.

Mockel, Albert, Emile Verhaeren. Avec une note biographique par Francis Viélé-Griffin, Paris, 1895.

- Emile Verhaeren. L'oeuvre et l'homme, Paris, 1917.

Morland, Jacques, "Enquêtes sur l'influence allemande", Mercure de France, nov. 1902.

Nachtergaele, Vic, "L'imaginaire dans l'oeuvre poétique d'Emile Verhaeren.", dans Etudes de littérature française de Belgique offertes à Joseph Hanse pour son 75e anniversaire, publiées par Michel Otten avec la collaboration de Roland Beyen et Pierre Yerles, Bruxelles, 1978.

Nyman, Alf, Begreppet lyrisk erfarenhet;Kunskapsteoretiska och estetiskt-psykologiska studier i symbolistisk och realistisk diktning, Lund, 1958.

Peyre, Henri, La littérature symboliste, Paris, 1976.

"Picorée", Le Coq rouge, juin 1896.

Raymond, Marcel, De Baudelaire au surréalisme, Paris, 1947.

Régnier, Henri de, "Un livre d'Emile Verhaeren", La Revue Blanche, 1er mars 1895.

Schmidt, A-M., La littérature symboliste (1870-1900), Paris, 1966.

Smet, Jos. de, Emile Verhaeren. Sa vie et ses oeuvres. Première partie, Malines, 1909; deuxième partie, Malines, 1920.

Starkie, Enid, Les sources du lyrisme dans l'oeuvre d'Emile Verhaeren, Paris, 1927.

Sussex, Ronald T., L'idée d'humanité chez Emile Verhaeren, Paris, 1938.

Vandegans, André, "Ghelderode et Verhaeren: des Campagnes Hallucinées à La Halte catholique", dans Etudes de littérature française de Belgique offertes à Joseph Hanse pour son 75e anniversaire, Bruxelles, 1978.

Vanwelkenhuyzen, Gustave, L'influence du naturalisme français en Belgique de 1875 à 1900, Bruxelles, 1930.

- "Verhaeren à l'école de Lemonnier", Revue générale belge, mai,1948.

- "Emile Verhaeren et Georges Rodenbach d'après des lettres inédites, Bulletin de langue et de littérature française nº 1, 1956.

- Vocations littéraires, Genève, 1959.

Vermeulen,François, Edmond Picard et le réveil des lettres belges 1881-1888, Bruxelles, 1935.

Versluys, Kristiaan, "Three city poets: Rilke, Baudelaire and Verhaeren" Revue de Littérature comparée, nº 3, 1980.

Viélé-Griffin, Francis, "Entretiens sur le mouvement poétique", Les Entretiens politiques et littéraires, 1893.

Vildrac, Charles, "Leçon de Walt Whitman", Les Feuilles de Mai avril-juin 1913.

Zweig, Stefan, Emile Verhaeren, sa vie, son oeuvre, Paris, 1910.

D.   Etudes générales et oeuvres diverses

Abs, Robert, Emile Vandervelde, Bruxelles, 1973.

Annuaire de la section d'art et d'enseignement de la Maison du Peuple de Bruxelles en 1893, Bruxelles, 1893.

Arcos,René, Ce qui naît, Figuière, 1911.

Austin,Lloyd James, L'univers poétique de Baudelaire, Paris, 1956.

Axa, Zo d', "14 juillet sanglant", L'Endehors, 10 juillet 1892.

Bachelard, Gaston, La psychanalyse du feu, Paris, 1949.

Balakian, Anna, The symbolist movement. A critical appraisal, New York,1967.

Baudelaire, Charles, Oeuvres complètes, Bibliothèque de la Pléiade, Paris, 1975-1976.

Baumont, Maurice, L'essor industriel et l'impérialisme colonial (1878-1904), Paris, 1965.

Beauduin, Nicolas, Le chemin qui monte, Paris, 1909.

Benevolo, Leonardo, Geschichte der Architektur des 19. und 20. Jahrhunderts, München, 1964.

Benjamin, Walter, Charles Baudelaire. Ein Lyriker im Zeitalter des Hochkapitalismus. Hrsg. von Rolf Tiedemann, Frankfurt am Main, 1969.

- L'homme, le langage et la culture, Paris, 1971.

Bergman, Pär, "Modernolatria et Simultaneità". Recherches sur deux tendances dans l'avant-garde littéraire en Italie et en France à la veille de la première guerre mondiale, Uppsala, 1962.

Bidal, M. L., Les écrivains de l'Abbaye, Paris, 1938.

Brouez, Ferdinand, "Un procès politique", La Société Nouvelle, 1889.

-            Jules, "La Question sociale", La Société Nouvelle, 1890.

Burniaux, R. et Frickx, R., La littérature belge d'expression française,
      Paris, 1973.

Bury, H.J., "Du pain et des jeux", La Société Nouvelle, 1885.

Carter, A.E., The idea of decadence in French literature, Toronto, 1958.

Catalogue de L'Exposition Fernand Khnopff, Musée des Arts décoratifs de
      Paris, 1979.

Charlier, Gustave et Hanse, Joseph, Histoire illustrée des Lettres françaises
      de Belgique, Bruxelles, 1958.

Chlepner, B. - S., Cent ans d'histoire sociale en Belgique, Bruxelles, 1972.

Cinquantenaire du Symbolisme, Catalogue de L'Exposition de la Bibliothèque
      Nationale. Introduction par Edmond Jaloux, Paris, 1936.

Citron, Pierre, La poésie de Paris dans la littérature française de Rousseau
      à Baudelaire, Paris, 1961.

Claudel, Paul, Théâtre, tome II, Paris, 1948.

Cole, George Douglas Howard, Socialist thought, London, 1953-1958.

Coppé, François, OEuvres, tome I, Paris, 1907.

Cornell, Kenneth, The Post-Symbolist Period. French Poetic Currents,
      1900-1920, New Haven - Paris, 1958.

Demolder, Eugène, "A travers l'Exposition de Paris", La Société Nouvelle,
      1889.

Destrée, Jules et Vandervelde, Emile, Le socialisme en Belgique, Paris, 1898.

Donnard, Jean-Hervé, La vie économique et les classes sociales dans l'oeuvre
      de Balzac, Paris, 1961.

Eekhoud, Georges, La Nouvelle Carthage, Bruxelles, 1888.

Engels, Friedrich, La situation des classes labourieuses en Angleterre,
      Paris, 1892.

Fanger, Donald, Dostoevsky and romantic realism. A study of Dostoevsky in
      relation to Balzac, Dickens and Gogol, Cambridge, 1965.

Flottes, Pierre, Histoire de la poésie politique et sociale en France de
      1815 à 1839, Paris, 1976.

The Fontana Economic History of Europe: The Emergence of Industrial Societies,
      ed., M. Cippola, Glasgow, 1973.

Fontainas, André, Mes souvenirs du symbolisme, Paris, 1928.

Frickx, Robert, "L'influence de Lautréamont sur les poètes de la 'Jeune
      Belgique'", dans Regards sur les Lettres françaises de Belgique,
      publ. par P. Delsemme, R. Mortier et J. Detemmerman, Bruxelles,
      1976.

Friedrich, Hugo, Die Struktur der modernen Lyrik, Hamburg, 1956.

-            Structures de la poésie moderne, Paris, 1976.

Gallo, Max, Affischen. Historiens spegel, Örebro, 1975.

Ghil, René, Les Dates et les OEuvres, Symbolisme et poésie scientifique, Paris, 1923.

Gollwitzer, Heinz, Europe in the Age of Imperialism, London, 1969.

Gorceix, Paul, "Le mythe de la clôture et ses images dans le lyrisme de Georges Rodenbach et de Maurice Maeterlinck", dans Studia Belgica. Aufsätze zur Literatur- und Kulturgeschichte Belgiens, hrsg. Hans-Joachim Lope, Frankfurt am Main, 1980.

- , Pierre, "De la spécificité du symbolisme belge", Bulletin de L'Académie Royale de Langue et de Littérature française, N⁰ 1, 1978.

Gorchakov, Nikolai A., The Theater in Soviet Russia, New York, 1957.

Gourmont, Rémy de, Le IIe Livre des masques, Paris, 1898.

Grave, Jean, Le mouvement libertaire sous la Troisième République, Paris, 1930.

Grimberg, Carl et Svanström, Ragnar, De la Belle Epoque à la Première Guerre mondiale, Verviers, 1974.

Guiette, Robert, Poètes français de Belgique de Verhaeren au surréalisme, Bruxelles, 1948.

Guyau, Jean-Marie, Les Problèmes de l'esthétique contemporaine, Paris, 1891.

- L'Art au point de vue sociologique, Paris, 1889.

Hauptmann, Gerhardt, Die Weber, Berlin, 1901.

Hauser, Arnold, Sozialgeschichte der Kunst und Literatur II, München, 1953.

Henderson, William Otto, La Révolution industrielle (1780-1914), Paris, 1970.

Henriot, Emile, A quoi rêvent les jeunes gens (enquête sur la jeunesse littéraire). Paris, 1913.

Herbert, Robert L. & Eugenia W., "Artists and Anarchism: Unpublished letters of Pissarro, Signac and others", The Burlington Magazine, nov. 1960.

Hinterhäuser, Hans, Fin de Siècle. Gestalten und Mythen, München, 1977.

Hobsbawm, Eric J., The age of capital 1848-1875, London, 1975.

Hugo, Victor, Les Misérables, 1-4, Paris, 1912.

- OEuvres complètes, tome IV, Paris, 1910.

Huysmans, Joris-Karl, A Rebours, Paris, 1884.

Jourda, Pierre, L'exotisme dans la littérature française depuis Chateaubriand, tome II, Paris, 1956.

Joxe, France, "Ville et Modernité dans Les Fleurs du mal", Europe, avril-mai 1967.

Kaminsky, Alice, "The literary concept of Decadence", Nineteenth-Century French studies, 1975.

Kipling, Rudyard, "Le Chant des Cités", Pages Libres, mars 1902.

Klotz, Volker, Die erzählte Stadt. Ein Sujet als Herausforderung des Romans von Lesage bis Döblin, München, 1969.

Koch, Hans Joachim W., Der Sozialdarwinismus. Seine Genese und sein Einfluss auf das imperialistische Denken, München, 1973.

Kohlschmidt, W., "Aspekte des Stadtmotivs in der deutschen Dichtung". Ds Un dialogue des nations, München - Paris, 1967.

Laforgue, Jules, OEuvres complètes, tome I et II, Paris, 1922.

Larbaud, Valéry, OEuvres, Paris, 1957.

Lautréamont, OEuvres complètes. Introduction et notes par Pierre-Olivier Walzer, Paris, 1970.

Lavollé, René, Les Classes ouvrières en Europe, Etudes sur leur situation matérielle et morale. I-III, Paris, 1884-1896.

Leblond, Marius-Ary, "Leconte de Lisle avant la Révolution de 1848", Mercure de France, sept. 1901.

-      "Rudyard Kipling animalier et colonial", Mercure de France, août 1902.

-      Anthologie coloniale, Paris, 1906.

Le Bot, Marc, Peinture et machinisme, Paris, 1973.

Lefebvre, Henri, La pensée marxiste et la ville, Tournai, 1972.

Legrand, Francine-Claire, Le symbolisme en Belgique, Bruxelles, 1971.

Lemonnier, Camille, La Fin des Bourgeois, Paris, 1892.

-      Constantin Meunier, Paris, 1904.

Lethève, Jacques, "Le thème de la décadence dans les lettres françaises à la fin du XIXe siècle". Revue d'histoire littéraire de la France, no I, 1963.

"La Littérature belge", L'Art Moderne, juillet 1887.

"La Littérature belge", L'Art Moderne, août 1895.

Littérature française, collection dirigée par Claude Pichois. Le XXe siècle 1896-1920, par Pierre-Olivier Walzer, Paris, 1975.

Maeterlinck, Maurice, Poésies complètes, éd. J. Hanse, Bruxelles, 1965.

Magne, E., "Le machinisme dans la littérature contemporaine", Mercure de France, janvier 1910.

Maîtron, Jean, Histoire du mouvement anarchiste en France 1880-1914, Paris, 1951.

Mallarmé, Stéphane, OEuvres complètes. Texte établi et annoté par Henri Mondor et G. Jean-Aubry, Paris, 1961.

Manuel d'histoire littéraire de la France, de 1848 à 1913, tome V. Coordination assurée par Claude Duchet, Paris, 1977.

Mathews, Andrew Jackson, La Wallonie 1886-1892. The symbolist movement in Belgium, New York, 1947.

Meakin, David, Man and work. Literature and culture in industrial society, London, 1976.

Merrill, Stuart, Une voix dans la foule, Paris, 1909.

Méry, Jules, "21 janvier 93", L'Endehors, 25 septembre 1892.

Modernism 1890-1930, ed. Malcolm Bradbury & James McFarlane, Harmondsworth, 1978.

Mommsen, Wolfgang J., Das Zeitalter des Imperialismus, Frankfurt am Main, 1969.

Morris, William, News from Nowhere dans Three works by William Morris, London, 1977.

Mumford, Lewis, The Culture of Cities, New York, 1938.

Nautet, Francis, "Progrès de l'esprit de Révolte", La Révolte, 1893.

Needham, H.A., Le développement de l'esthétique sociologique en France et en Angleterre au XIXe siècle, Paris, 1926.

Philip, Michael, Lectures de Lautréamont, Paris, 1971.

Picard, Edmond, Pro Arte, Bruxelles, 1886.

Pierrot, Jean, L'imaginaire décadent, Paris, 1977.

Pignon, E., "Du rôle social des banques en Europe", La Société Nouvelle, 1885.

Pirenne, Henri, Histoire de Belgique, tome VII, Bruxelles, 1937.

Praz, The romantic Agony, London, 1933.

Putsage, J., "La foi, la force et la raison", La Société Nouvelle, 1889.

Rebérioux, Madeleine, La République radicale? 1898-1914, Paris, 1975.

"La Révolte" (pseud.), "1789-1889", La Société Nouvelle, 1889.

Rewald, John, Post-Impressionism, New York, 1956.

Richard, Jean-Pierre, Poésie et profondeur, Paris, 1955.

Rimbaud, Arthur, OEuvres, éd. de Suzanne Bernard, Paris, 1960.

Rioux, Jean-Pierre, La révolution industrielle 1770-1880, Paris, 1971.

Rodenbach, Georges, OEuvres, Paris, 1923.

-          Bruges-La-Morte, Paris, 1904.

Rolland, Romain, Le théâtre du peuple, Paris, 1903.

Romains, Jules, La vie unanime, Paris, 1913.

Rousseau, Jean-Jacques, Les rêveries du promeneur solitaire, Paris, 1960.

Rudorff, Raymond, Belle Epoque, London, 1972.

Schelowsky, Herbert, Das Erlebnis der Grosstadt und seine Gestaltung in der neueren deutschen Lyrik, Würzburg, 1937.

Sengle, F., "Wunschbild Land und Schreckbild Stadt", Studium generale, Heft 10, 1963.

Sombart, Werner, Der moderne Kapitalismus, Leipzig, 1902.

Spears, Monroe K., Dionysus and the City. Modernism in Twentieth Century Poetry. New York and London 1970.

Swart, Konraad W., The sense of decadence in nineteenth-century France, The Hague, 1964.

Vandervelde, Emile, "La situation en Belgique", Revue socialiste, 1893.

-          Les Villes Tentaculaires, conférence publique donnée à l'Hôtel des sociétés savantes le 16 janvier 1899, Paris, 1899.

-          "Le Siècle des Ouvriers", Le Mouvement socialiste, 1er février 1901.

-          L'Exode rural et le retour aux champs, Paris, 1903.

Vandervelde, Emile, Essais socialistes. L'alcoolisme - la religion - l'art, Paris, 1906.

-        Le parti ouvrier belge 1855-1925, Bruxelles, 1925.

-        Souvenirs d'un militant socialiste, Paris, 1939.

Verlaine, Paul, OEuvres poétiques complètes, Paris,1948.

Vigny, Alfred de, Poésies chosies, éd. de Henri Maugis, Paris, 1935.

Vogué, Marie-Eugène Melchior de, "Les Indes Noires", Revue des Deux Mondes, 1er novembre 1890.

Zola, Emile, Au Bonheur des Dames, Paris, 1883.

E.   Lettres inédites, conservées au Fond Verhaeren, Bibliothèque Royale Albert 1er.

Jean Grave à Emile Verhaeren 10/5 1896 F.S. XVI 148/480

Maurice Maeterlinck à Emile Verhaeren 14 novembre 1892 F.S. XVI 148/734

Stéphane Mallarmé à Emile Verhaeren avril 1898 F.S. XVI 148/762

Paul Signac à Emile Verhaeren lettre non datée (1895?) F.S. XVI 145 19 M.L.